上高地・緑陰の
マネー経済講座

これならわかる，外国為替・株式・デリバティブのしくみ

Yoshihara Ryusuke
吉 原 龍 介 著

学文社

まえがき

本書は経済書にちがいはないが、通常のものとはちょっと毛色のちがったものになっている。本書では、内容にフィクションとノンフィクションの部分が混在している。四人の登場人物を設定しているが、いずれも架空の人物で実在しない。

したがって舞台に設定した上高地でこの四人がみたり、接したりしたことはすべてフィクションの世界である。具体的にいえば、プロローグ、各章の幕開《まくあ》きと幕あい、そしてエピローグはすべてフィクション、作りばなしである。もっとも各章の幕開きのなかで、登場人物のひとりである教授がこれからはじまる講話の展望などをはなしている個所があるが、ここはその章の「はしがき」に相当させている。教授に語らせることでその章の流れがつかめるようにした。

それぞれの章で、教授と三人の若者がマネーや外国為替、株式などについてディスカッションを展開しているが、この部分はノンフィクションで、事実にもとづいた経済のはなしになっている。したがってこの四人のディスカッションを丹念に追っていただければ、現実のマネー経済についてはあらまし理解できるように四人の会話の展開を工夫したつもりである。

各章の欄外に、小さな活字で組まれた文章が点在している。これは四人の会話をフォローするための参考にと付したものである。用語解説にもなるように工夫したので、ぜひ一読してほしい。

プロローグで、登場人物のひとりである美香も感じているように、経済はむずかしい、経済ニュースの記事を読んでもよくわからない、と感じている方が多いと聞く。とくにそれがマネー経済に関して多いようである。オプション、スワップ、デリバティブ、ヘッジファンドといったカタカナ文字の金融用語が新聞記事にポンポン飛び出してくる。GDP、PER、PBRといった何かの略符号らしきものがそのまま目に触れてくる。どういうことなのかぜひ知りたいと思う、いや、それもあるが、外国為替、株式、投資信託など、マネー経済の基礎の基礎から知りたいと思っている、だからといって、書店でこの種の専門書を手にとってもかえってむずかしく感じてしまう、独学では無理かもしれない、そう思っている方が多いと聞く。経済や金融について知りたいという切実な願いに何か応《こた》えられる工夫はないものだろうか。そこで思いついたのが、他人のはなしを聞いてそれを自分のものにする、俗にいう「耳学問の効用」である。これを書物というかたちのなかで応用できないものかと考えたのである。

複雑なマネー経済の中身を、エコノミストの教授と経済の門外漢である三人の若者のあいだで交わす会話に耳を貸すことで（読むことで）、むずかしいと敬遠されがちな経済の知識が知らぬ間に身につくのではないかと考えたのである。

また、できるだけ臨場感を出せばそれだけ耳学問の効用も実るのではないかと考えた。そこで上高地を舞台にした緑陰講座というフィクションを取り入れてみた。俗にいう「バーチャル・リアリティ」である。こうすれば、読者もこの会話に参加した気分になっていただけるのではないかと思ったわけである。さし絵を多く入れたのはこの意図からである。

では、なぜ上高地なのかと問われれば、その答えは著者の趣味の域に入ることで、それ以上のものはない。上高地へは毎年訪れ、山登りなどを楽しんでいるが、その折、さわやかな風が吹き抜ける緑陰で勉強会を開くのも一味ちがう上高地の楽しみ方になると思っていたからである。その思いを書物のかたちで表現してみたというわけである。

以上がこのような小説ふうの経済書を書くに至った著者の思いである。著者にとって、本書は新しい実験的試みのものである。この実験的試みにご賛同いただき、ぜひ本書のなかで仮想体験をしていただければと願っている。そして、経済ニュースなどをみたり、読んだりしたときに、「ははーん、あのことだな」と本書を思い出し、これまで以上に経済を身近に感じるようになっていただけたなら、それだけで本書の役目は果たせたと思っている。そううまくいくかどうか、最後は読者の賢明な判断に委ねるほかはない。

二〇〇〇年夏

著　者

*本書に対するご意見・ご感想は、できれば電子メールで左記のアドレスにお送りください。著者としては、読者からのメールを楽しみにお待ちしています。

吉原龍介（e-mail : ryu_1@msb.biglobe.ne.jp）

もくじ

もくじ

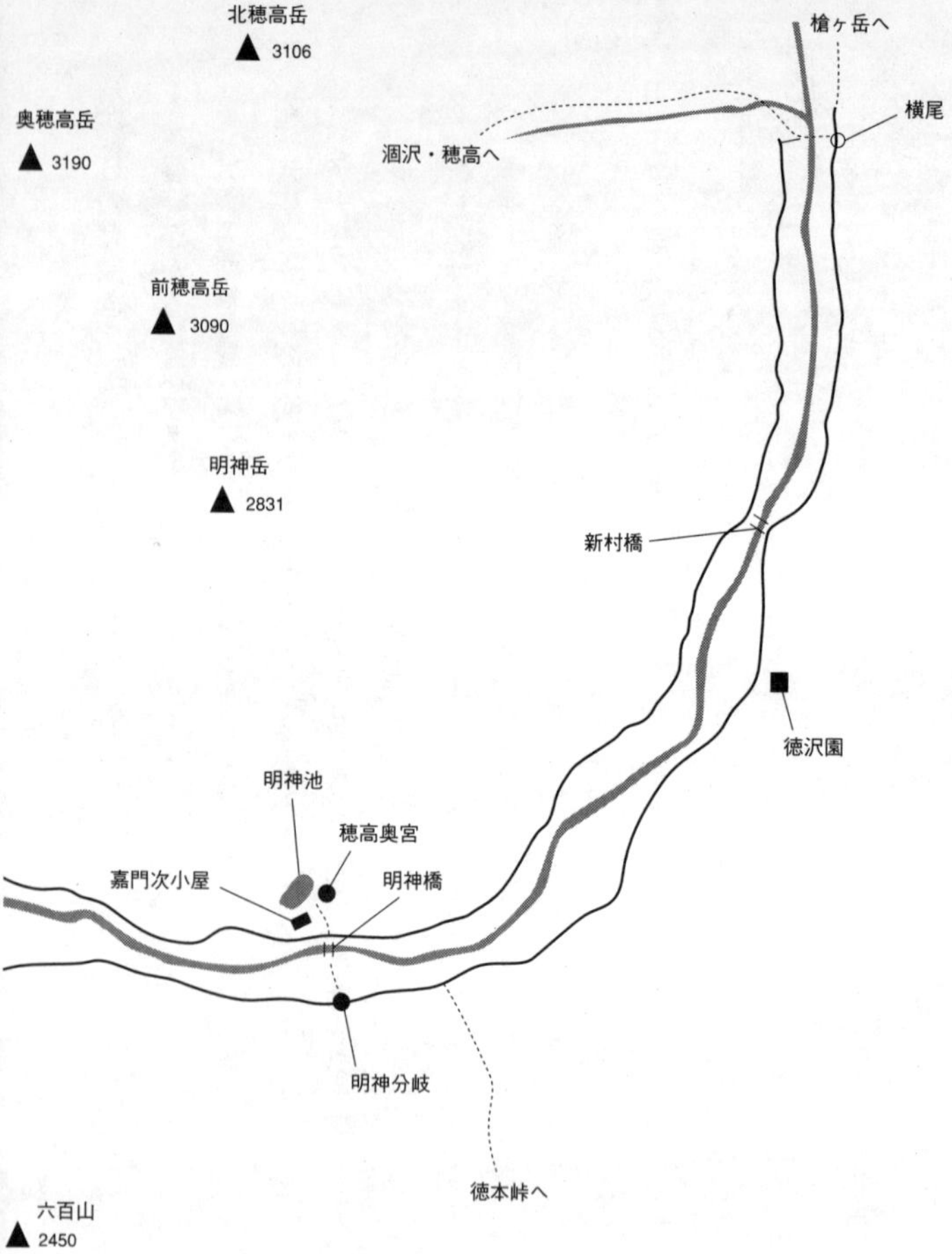
北穂高岳
3106
槍ヶ岳へ
奥穂高岳
3190
横尾
涸沢・穂高へ
前穂高岳
3090
明神岳
2831
新村橋
徳沢園
明神池
穂高奥宮
嘉門次小屋
明神橋
明神分岐
徳本峠へ
六百山
2450

緑陰講座のための上高地散策マップ

登場人物

教授……ある私立大学の経済学部教授。専攻は経済学。投資分析に詳しい。趣味は登山。日本山岳会に所属し、北アルプスをベースに山登りを楽しんでいる。

江湖野美香………今年四月某大学の外国語学部に入学、語学力を身につけ、将来その語学力をフルに発揮できる職場でバリバリ働きたいと思っているがんばり屋のほやほや女子大生。教授の姪でもある。

ジュリア・フォンダ……高校時代に美香の高校に留学、そのとき美香の家にホームステイして以来、美香と大の仲良しになったアメリカ人女性。アメリカの某大学で異文化比較論を専攻している学生だが、昨年九月から、日本の某大学の文学部に留学中、日本文化を研究している。

野美利良太………大学受験に失敗し、目下浪人中。高校時代からの美香のボーイフレンドだが、美香たちが旅行するときはいつもポーター役として重宝がられている好人物。今回の上高地・緑陰講座の旅もポーター役として参加した。

プロローグ　上高地での出会い

美香は、まだばくぜんとではあるが、将来、語学力を活用して、ビジネスの世界で働くのも悪くないなぁと思っている。こうした思いもあってか、大学入学後は、できるだけ新聞の経済欄にも目を通すよう心がけている。だが実際に経済記事に目を通してみても、その記事のもつ意味はほとんどわからない。とくに金融に関する記事にこれがあてはまる。金融記事がこれほどむずかしいものだとは思ってもいなかったのである。入学した大学が経済専門の学部ではないため、大学の授業で経済や金融の知識を学ぶといっても、あまり期待はできそうもない。そこで美香は、思い余って、日頃より親しくしている叔父でエコノミストの大学教授に「金融を中心に経済のはなしをできるだけわかりやすく解説してほしい」と頼み込むことにした。これが今回の緑陰講座の発端である。

電話での頼みであるにもかかわらず、教授はこころよく引きうけ、電話口で「さ来週、信州の上高地に一週間ばかり滞在する予定になっているので、よかったらそのとき友人と一緒に上高地に来ないか。そこでゆっくりと経済の勉強をするなんてどう？　勉強だけでなく、いろいろ歓迎するよ」

といった。

思いもよらぬ教授からのはなしに美香はちょっと意表をつかれたが、前から一度は訪れてみたかった上高地に行ける、しかも滞在費スポンサー付きでなんて、めったにないチャンスとばかりに、即座に

「行きます」

と返事をした。

早速、美香はなかよしのジュリアとボーイフレンドの良太に誘いをかけたら、ふたりとも思いは同じ。ふたつ返事で参加するということであった。

約束の上高地を訪れる日になった。松本電鉄の新島島《しんしましま》駅でバスに乗り換え、およそ一時間半ほどでガイドブックにもあった

大正池から望む穂高連峰

釜《かま》トンネルを抜けると、ほどなく視界がひらけて、バスの行く手には青空のなかうっすらと噴煙をたなびかせた焼岳《やけだけ》が目に飛び込んできた。このあたりから上高地に来たんだと実感しだしたのか、車中にはなやいだ雰囲気がただようようになった。美香たちとてもちろん同じである。バスは焼岳のすそ野に広がる大正池のほとりを通り、上高地帝国ホテル前を過ぎると、ほどなく終点のバスターミナルに到着した。待ち合わせに指定された河童橋《かっぱばし》はバスターミナルから歩いて一〇分ほどのところにある。事前に教授から教えられたとおり、バスターミナル横を流れている梓川《あずさがわ》に沿って上流へ歩いていくと、待ち合わせの河童橋が見えてきた。

美香たちが河童橋に着くと、教授はもうさきに到着していて、河童橋の上で美香たちに向かって手を振っていた。河童橋の向こうに広がる穂高連峰《ほたかれんぽう》の大パノラマを背

河童橋と穂高

に立つ教授のすがたはその雄大な景観に違和感なく溶け込んでいた。溶け込んでいたのは教授だけではなかった。橋の上や梓川のほとりでこの山岳パノラマを楽しんでいる多くの観光客も同じであった。何もかも包み込んでしまうこの大自然のパノラマにすっかり圧倒された美香たちに、教授は

「よく来たね。今日は天気が良くてよかったよ」

といいながら、周囲の景観についてあれこれ説明しはじめた。説明がひととおり終わると、こんどは梓川のほとりにすえつけられた木のテーブルの前にみんなを案内した。そこで互いに自己紹介を済ませたあと、教授はこれからの予定についてかいつまんで説明した。説明によると、どうやら午前中は経済の勉強がびっしりあるみたいだ。勉強する場所は日によってちがうらしい。午後はつぎの場所への移動をかねて、奥上高地のトレッキングを楽しむとのことだ。

河童橋からみた焼岳

説明のあと、しばらく談笑した。美香は、ここへ着く直前までは、せっかくの休暇を自分たちのためにつぶして、叔父には迷惑だったんじゃないかと内心気がかりだったが、ジュリアや良太と楽しそうにはなしている叔父をみて、やはり来てよかったと思った。

談笑のあと教授は、今宵の宿になる日本山岳会の「上高地山岳研究所」に美香たちを案内した。そこは河童橋から歩いて三分ほどの森のなかにあり、まわりの自然にたくみに溶け込んだしゃれた山荘であった。

山岳研究所

I　マネー経済探検・事始め

大正池からみた焼岳

上高地のスケッチ

初日の幕開き

一夜明けた翌日、朝食を済ませたあと、さっそく第一日目の経済講座がはじまることになった。場所はここ山荘のテラスである。テラスには、がっしりとした木のテーブルと腰掛けがあった。思い思いの席に美香たちがすわっていると、ほどなく右小脇にノート型パソコンを抱え、左手には何か資料らしきものが入った紙袋をさげた教授が現われた。

「さあ、はじめようか」

といって、紙袋のなかから何かリポートらしきものを取りだし、美香たちに一部ずつ手渡した。

「これは今日取り上げる内容を要約したものなんだ」

といった。A4判の用紙にワープロで印字された一〇頁ほどのリポートである。表紙には『I　マネー経済探検・事始《ことはじ》

上高地のスケッチ

め』と書かれてあった。

「はじめにこの講座のテーマである《マネー経済》とはどういうものかについて簡単に説明しておこうと思う。経済は大きく分けると、実物《じつぶつ》経済とマネー経済に分けられるんだ。実物経済とは、携帯電話の機器や通話サービスなど、モノやサービスの売買が行われる世界で、そこではモノ・サービスとマネーが同時に動いている。これに対し、マネー経済とは、マネー自体が商品として売買される世界だ。ここではモノやサービスは登場せず、マネーだけが動く。今日の経済の大きな特徴は、このマネー経済が急成長したことなんだよ。その証拠に『日経』、日本経済新聞のことだね、この新聞が取り上げる記事には、マネー経済に関するものが想像以上に多いんだ。マネー経済で中心的な役割を果たすのは、株式市場や外国為替市場といったマネー市場だ。こうした市場の発展とともにマネー経済は急成長したといってもいいね。要するに、マネー経済とは、マネーそのものを売買するだけで利益が手にできる世界なんだよ。いまでは、世界のマネー市場が整備され、だれでも簡単にマネー経済の世界に入れるようになった。ちょっと前まではプロと呼ばれる人たちしかできなかったオンラインの株売買も、いまではインターネットで手軽にできるようになった。法律が改正され、外貨預金も手軽

●モノ&サービス　かたちのある、たとえば自動車のような物質的な商品をモノという。英語のgoodsにあたる。他方、かたちのない、たとえばホテルでの宿泊のような商品をサービスという。英語のservicesにあたる。

●日本経済新聞　日本でもっとも読まれている経済紙。よく『日経』と略称されている。経済と社会の動きを知り、それに合わせて自分の仕事や生き方を考えていくのに日経は必読だといわれ、いまではかなりの女性層にもけっこう読まれている。また、学生が入社試験に備えて急に読み出す新聞に、この日経がいちばん多いともいわれている。

にできることになった。それだけマネー経済はみんなの関心を引き寄せることになった。また、マネーが国境を越えて動き回るようになり、その動きは複雑に、また動くマネーの規模も影響力も格段に大きくなったんだ。もっともそれだけマネー経済の世界は複雑怪奇《ふくざつかいき》にはなったがね。ところで、みんなも知っているように、ほとんどの会社は銀行などの金融機関を利用してビジネス活動の資金を集めているよね。また、個人、家庭でも金融機関を利用してモノやサービスを購入している。クレジット・カードの利用はその典型だよね。このように、本来は、マネー経済は実物経済の発展を支える重要な役目を担《にな》うものなんだが、ところが、今日、このマネー経済が暴走ぎみになってきた。実物経済を支えるはずのマネー経済が、実物経済を振り回す結果となっている。つまりだ、会社の経営状態や国際貿易などと関係なく株価や為替相場が乱高下《らんこうか》したりして、会社の資金集めに悪影響を及ぼしかねない始末だ。それだけではないよ、たくさんの人を失業させて、生活をめちゃくちゃにしてしまうことにもなりかねないんだ。これが今日のマネー経済の実態といってもいいね。この講座では、いま述べた複雑怪奇なマネー経済の世界に足を踏み入れ、その実態を探ってみようと思っている。それで、この三日間の講座を《マネー経済探検》と題することにしたんだよ。

ホームトレード
インターネットを使った株取引のこと。インターネットでの株取引は、証券会社への申し込みもごく簡単になったし、株の買い方も株式ソフトを使えば簡単になった。いまでは、サラリーマンだけでなく、主婦やOLといった女性層にも普及しつつある。

それでは今日のはなしの内容を手短に紹介しようと思う。まず目次をみてもらえるかな。1の〈マネーの正体〉では、今日のマネーが信用のうえに成り立つ金融商品であることを、マネーの起源などをたどりながら知ってもらおうと思う。ここではまた、金利はマネーの値段の一つであり、それがどう決められるのかなどについてもはなそうと思う。2の〈どうなる銀行〉では、これからの本格的な金融競争の時代を迎えて、日本の銀行は合併や統合を図ることで対応しようとしているが、この合併と統合はどこがちがうのか、また、銀行に多額の公的資金が注入されているが、この公的資金の注入とはどういうことなのか、さらにこれから実施予定のペイオフの解禁とはどういうことかなどを取り上げ、これから銀行はどうなるのかを探ってみようと思う。3の〈外国為替市場の探検〉では、マネーを売ってマネーを買う世界、外国為替市場を取り上げ、地球を駆けめぐるマネーの実態を認識してもらおうと考えている。外国為替のしくみからはなしをはじめ、今日の外国為替制度に至った経緯《けいい》を振り返ってみようと思う。さらに、銀行のディーリング・ルームをのぞき、そこでディーラーたちがどのようにドルや円の売買をしているかみてみようと思っている。そして、世界全体の貿易金額の一〇〇倍近いマネーがなぜ外国為替市場で取引されているのかという謎を発見したところで今日のはなしを締めくくろうと思う。この謎の解明は最終日の講座まで残しておくつもりだ。

なお、三日間にわたってマネー経済の探検をするが、はなしはできるだけかみくだいてするつもりだけど、レベルは絶対下げないようにしたいと考えているんだ。わからないときは、遠慮しないで質問するように……」

といって、教授はいま述べたことの反応を確かめるかのように三人の顔をみまわした。

緑陰講座初日のはじまりである。

1　マネーの正体

マネーは進化する

教授　最初に質問を一つ。美香、マネーのことを日本語でなんというかな?

美香　えっ。うーん、いろいろないい方があると思うけど、やはり「おカネ」ですね。

教授が手元のパソコンのキーボードをたたくと、画面上に「お金」という文字が現われた。その文字を指さして、

教授　漢字で書くとこれだね。この「金」という文字はマネーを意味すると同時に、ゴールドを意味するよね。そうなら、「金融」という日本語があるね。英語ではファイナンスというが……。これは「金」が「融《と》けて」流れ出すイメージのことばといえそうだが、どうかな?

三人は、教授が何をいい出そうとしているのかいぶかる顔で、互いに顔を見合わせ

た。

教授　もともとの意味は、「金が融ける」ということなんだよ。これはなかなか示唆に富んでいるね。マネー、おカネとは金や銀のことであり、ファイナンス、金融とはその金や銀が流通することだったんだ。おそらくこの金融ということばが生まれたのは、マネーが金と決別する前の近代中期あたりじゃないかな。それがいまでは、君たちが直接使っているマネーのほとんどは紙幣だよね。それも、かつては金や銀との兌換《だかん》が保証されていたが、いまではただの紙きれだ。

ジュリア　そうなんだ、金融という日本語は金銀の流通という意味から出たことばだったんですね。目から鱗《うろこ》です。

美香　それでいえば、いまの金融の金はゴールドじゃなくて、紙幣などのマネーのことなんですね。だから、金融とはマネーの流通のことになりますね。

教授　マネーの流通か、そういうことになるね。これを国語辞典あたりでは、かねまわり、かねの貸し借り、かねの需要と供給の関係といっているね。

良太　先生、かつては金や銀との兌換が保証されていたというのは、どういうことですか？

教授　ちょっとむずかしいことばを使ってしまったかな。でも良君の質問、なか

近代
日本史でいう明治維新以降のこと。

需要と供給
経済学でよく使われる用語。需要とは、買い手側の購買力の裏付けのある商品購入の欲望を意味することば。供給とは、売り手側のもっとも利のある商品販売を数量的に示すことば。

なか核心をついてるんだよ。ここで良君の疑問に直接答えるのではなく、少し遠回りしてみようと思う。一つ質問をしてもいいかな。ジュリア、なぜ金や銀といった貴金属がマネーに使われたのだろうか？

ジュリア　いつの世でも、人間にとって金などの貴金属は貴重なもので、富や権力のシンボル的な存在だったから、みんながそれを欲しがる、手に入れたがる。それでマネーの役目を果たすのにつごうがよかったからではないでしょうか。

教授　そうだね。ジュリアは「マネーの役目を果たす」という表現を使ったが、経済学ではこれを「マネーのもつ機能」というのだ。いろいろな商品に値をつける際の尺度に使うことができる、誰でもが支払手段として使うことを認める、さらに、金などの貴金属を手に入れた者がそのままそれを貯蔵することで購買力を将来に移すことを可能にする、これがマネーの役目、機能になるね。

美香　金や銀はこまかく分割して使うことができるし、置いておいても腐《くさ》ったり、減ったりしないということですね。

教授　それも貴金属がマネーとして使われた理由になるね。それじゃ美香、貴金属をマネーとして使った場合に不便を感じることって何があるかな？

美香　持ち運びに不便なことだと思う。だって重たいし……。

マネーの機能
マネーには、
1　価値の尺度
2　支払いの手段
3　価値の貯蔵
の三つの機能がある。

教授　そうだね。貴金属のマネーはマネーとしての機能をたしかに持っているのだが、ふだん使うおカネとしては美香のいうように不便さがあるんだね。そうすると、人間はこの不便さを除くための知恵をしぼることになるんだ。その知恵の産物が紙のマネー、紙幣の出現なんだよ。

良太　あっ、そうか。五ポンドの金貨だと一ポンド金貨の五倍の重さがなければならないが、紙のマネーだとそんなこと関係ないからですね。紙きれに金額を印刷すれば済むことだし……。

教授　ところで、良君、一万円札を一枚印刷するのにいくらくらい費用がかかると思うかな?

良太　えっ、一万円札の原価ですか。一万円札一枚つくるのに一万円もかかるわけないくらいならわかるのですが……。でも、実際にどのくらいかかるか考えたこともありません。

教授　そうだね。こんなことだれも考えないよね。でも、実際にはお札の原価というものはちゃんとあるんだ。一万円札、五〇〇〇円札でも一〇〇〇円札でもよいのだが、その表側をよくみると、左の上の方に大きく「日本銀行券」と印刷しているよね。これは一万円札を発行しているのが日本銀行だということなんだ。

●ポンド
イギリスの通貨単位。

つぎに、お札の真ん中あたりの下にちょっと小さい文字で「大蔵省印刷局製造」と印刷されているのだが、これは一万円札が大蔵省印刷局というところで印刷されているということなんだね。この印刷されている二つの文字で、一万円札は発行元の日本銀行が大蔵省印刷局に発注してつくられていることがわかるよね。だから、大蔵省印刷局は一万円札をつくる注文を受けたら製造し、つくったらその代金請求書を添えて日本銀行に納入している。このときの請求代金が、まあいってみれば、一万円札をつくる費用ということになるんだね。いまでいえば、一万円札一枚つくる費用は、およそ二二円くらいだそうだ。

良太　へえー、一万円の値打ちがある一万円札の原価はたったの二二円なんですか。

美香　紙幣のほうが安上がりで便利なのに、どうして最初から紙のマネーをつくらなかったんですか？

教授　まず金貨のような貴金属マネーが世に出て、そのあとで紙のマネーが出てくるというような、まわり道をしたのはなぜなのか、ということだね。なかなかいい質問だ。ジュリア、どうかな、この美香の質問についてどう答えたらよいかな？

●日本銀行
日本の中央銀行。全国にあるいろいろな銀行の総元締め的な立場にあり、通貨の発行や通貨の流通量を調節して経済の安定化に努める役割を担っている。明治一五年に創立された。

ジュリア　ちょっとむずかしいので、どういったらよいか自信がないのですが、でも、たぶんこんなことかなあとは思うんです。金貨などの貴金属マネーが世に出ていなければ、紙のマネーは登場しなかったと思うんです。さっきもいったことですが、貴金属は貴重なもので、富や権力のシンボルだった。だから、最初に登場した紙のマネーはこのシンボルとものすごく関連があったと思います。さっき先生がおっしゃって、良が質問したことで、「かつては金や銀との兌換が保証されていた」ということがありましたが、これが美香の質問へのヒントだと思うんです。つまり、出始めのころの紙のマネーは、それまでの貴金属マネーを使っていた体験から、いつでも金や銀と交換できるという保証があってはじめてマネーとして通用したんだと思うんです。きちんとまとまりがつかないのですが、美香の質問について思いついたことはこんなところです。

教授　いいね、実にいい。美香、いいかなぁ。良君、これでやっと君の最初の質問にたどり着いたことになるね。ジュリアがいうように、貴金属マネーが存在していたということが、あくまでも前提条件で、この条件のワクのなかでのみ、紙のマネーをつくるというアイディアが生まれたんだよ。

教授はそういいながら、パソコンのキーボードをたたくと、画面上に一枚の昔の紙幣

が映し出された。それを指さしながら、

教授　これをみてごらん。ここのところに、ちょっとむずかしい字で読みづらいんだが、「日本銀行兌換券」と印刷されているだろ。この意味は、この紙幣を銀行に持っていくと、金貨に代えてもらえるということなんだ。これを「兌換性」といい、こうした紙幣を兌換券、兌換紙幣《だかんしへい》というんだよ。

美香　そうか、最初のころの紙のマネーは、持ち運びに不便な貴金属マネーの代役だったんだ。先生、よくわかりました。

教授　疑問が解けてよかったね。良君もわかったかな。はじめのころの紙のマネーは貴金属マネーの代役だったんだ。紙のマネーに兌換性というしかけがあればこそ、代役である紙のマネーが表に出て実際におカネとして使われる、流通することが認められたんだよ。

ジュリア　美香のいう代役といういい方おもしろいね。でも、この代役は、銀行に持っていくと金貨などと代えてくれるんだから、銀行側からみると、金貨を預かったときに渡す借用証書のようなものともいえますね。

出所）　岸本重陳『お金と人間のくらし― 経済のしくみ』岩崎書店　32ページ

この銀行券と引き換えに金貨拾円を渡す

教授　その通り。中央銀行、日本では日本銀行になるが、ここが持っている金貨などをもとに、ジュリアのいう借用証書である兌換券を発行するしくみを「金本《きんほん》位《い》制度」というんだ。この金本位制度のもとでは、金貨も流通するし、もちろんその代役、紙のマネーも流通していたんだよ。

美香　紙のマネーがジュリアのいう借用証書なら、おカネとして使われる紙のマネーの数量は、日本銀行が保有する金貨などの数量と密接な関係があるように思えるんですが、そう考えてもいいのですか?

教授　それでいいと思うね。美香のいまいったことが金本位制度の根本的な特徴なんだ。金本位制度のもとでは、流通するマネーの数量が、日本銀行の保有する金の数量によって左右される、そう考えていいね。

良太　でもこの代役マネーは、そして金本位制度は、昔のはなしで、いまはちがいますね。

教授　そうだね。いまはこの制度、崩壊して消滅してしまっているんだ。

美香　どうして消滅しちゃったんですか?

教授　その理由を探るには、一九二九年秋のニューヨーク株式市場の大暴落に端を発した三〇年代の大不況にまでさかのぼらねばならない。この大不況で世界各

●**兌換紙幣**
兌換とは紙幣を金貨と引き換えること。兌換紙幣とは、日本銀行がその所有者の要求しだい、いつでも国が定めた金貨と兌換することを規定した紙幣のことをいう。その典型が兌換銀行券である。日銀の兌換銀行券がはじめて発行されたのは一八八五年のことであった。このとき、日銀は保管している金の量に応じて同じ価値があることを保証した紙幣を発行することになったのである。なお、江戸時代において、各地の藩《はん》が独自に藩札《さつ》を発行していたが、この藩札も、江戸幕府が発行していた大判や小判の金貨などと引き換えることができたので、江戸時代にすでに兌換紙幣に類似したものがあったことになる。

国の経済がめちゃくちゃになったんだ。たくさんの企業が倒産し、たくさんの工場が閉鎖され、街にはたくさんの失業者があふれたんだよ。こうした状況のなかで、人びとは紙のマネーを銀行に持ち込んでも金に代えてくれなくなるんじゃないかと不安になり、どんどん紙幣を銀行に持っていって金に代える行動にでてきたんだ。その結果、中央銀行は、兌換要求に応じて金貨を引き渡すことができにくい状態になったんだよ。となると、あとはどうなるかということになるが、もうそれははっきりしているね。

ジュリア　もうこれ以上紙幣を持ち込まれても、金に代えることはできませんと宣言することですね。

美香　紙のマネーは金貨に変身する道を断たれて、単なる紙きれになってしまったんですか?

教授　そうなんだ。これだけでなく、政府がこの大不況を克服しようとすると、金本位制度は、手かせ、足かせになってしまったんだ。これはもうこの制度を廃止せざるをえないじゃないかという気運が広がったんだよ。こういうことがあって、金本位制度は崩壊したんだよ。

美香　紙のマネーがただの紙きれになってしまったら、マネーとして使うのがす

●**金本位制**
通貨の価値を一定量の金の価値と関連させる制度。この制度では、各国が金と通貨の間に金平価《きんへいか》と呼ばれた一定の交換比率を設け、金と通貨の兌換を無制限に認める。この結果、各国の通貨間の為替レートは金平価によって固定されることになる。たとえば、アメリカの金平価が一オンス・三五ドル、日本の金平価が一オンス・八七五〇円なら、為替レートは一ドル・二五〇円に固定される。イギリスがこの金本位制を取り入れた一八一六年以来、第一次世界大戦のころまでは、この制度のもとで主要国間の為替レートはきわめて安定的な状態にあったといわれている。

ごく不便になったんじゃないですか？

教授　それがそうでもないいんだよ。ただの紙きれになったからといって、ポイするわけにはいかないいんだ。この紙のマネーのほかにはおカネの役目をしてくれるものがないからね。となれば、ただの紙きれになった紙のマネーを信用するしかない、少々不安もあるが、信用してマネーとして使おうということになるのはごく自然じゃないかなあ。まぁ、いってみれば、こういうことかな。わが子を信じずに、いったいだれを信じることができようか。ちょっと信じがたいところもあるわが子ではあるが、とことん信じてやろうではないか。そうすれば、この子も、ほんとうに信じるに値する者に育ってくれるはずだ、という親の心境だね。

良太　みんなで信じれば、ただの紙きれになったマネーもマネーの機能を十分もつようになるというわけですね。

ジュリア　ほかに使えるものがないから信じていこうなんて、ちょっと消極的な理由ですね。もっとほかにも理由があるように思うんですが……。

教授　たしかに消極的だね。これだけじゃ、ただの紙きれになったマネーに対する不安感をぬぐいさることはできないよね。じつは、もっと積極的な理由もあるんだ。金本位制が崩壊し、金貨に代えられるという信用の根拠はなくなってしま

◎**一九二九年秋の株価大暴落**　この年の一〇月二九日、暗黒の火曜日と呼ばれたこの日一日だけで一六〇〇万株が投げ売りされ、株価は大暴落、株式市場は完全に崩壊する。この日だけで、ニューヨーク証券取引所で取引されているほとんどの株が暴落、総額八〇億ドルから九〇億ドルを失ったといわれている。この株式市場の崩壊をきっかけに、アメリカ経済は三三年冬まで未曾有の大不況に突入する。さらに、このアメリカの不況に連動して、ヨーロッパも日本も、そして世界中で深刻な不況に落ち込んでしまう。

った。この根拠を復権させることはもはや不可能だね。だったら、これに代わる別の根拠をつくればよい。美香、別の根拠としてどんなものが考えられるかな？

美香　うーん、ちょっとむずかしいわ。金本位制では、紙幣には金の裏付けがあったから、それなりの信用があったというわけですよね。紙幣を発行する日本銀行も保有している金の量を枠に紙幣を発行すればよかった。だから、こんども金に代わる裏付けをつくればいい、保有する金の量に代わる枠をつくればいい、そう先生はおっしゃっている、それはわかるんです。でもそれじゃ、具体的にその枠は何かといわれると、ちょっと……　むずかしいです。

良太　政府みずからが行動で示すというのはどうですか。たとえば、税金はただの紙きれになった紙幣でしか受け取らないと決めたら、国民はただの紙きれである紙幣をマネーとして認めるようになりませんか？

教授　政府を信用しろというわけだね。ただいくら政府を信用しろといわれても、万事それでうまくいくとはかぎらないと思うよ。たとえば、ただの紙きれになった紙幣をじゃんじゃん乱発されてごらん、あっという間にそんなもの、値打ちが下がって信用がなくなっちゃう、そうじゃないかな。政府も使っているよ、だから国民も信用して使ってということもたしかにいえることだが、やはりただの紙きれになったマネーだが乱発されることはありませんよ、それを裏付けるものが必要になってくる。日銀の紙幣発行をしばりつける枠がいるということだよ。それじゃ実際にどんな枠がつくられているかといえばだね、法律で、紙幣を発行するときには、日本銀行は発行額と同じだけの資産を持たなければならないと決められているんだ。日銀は資産の裏付けのない紙幣は発行できないことになっている。これが日銀の紙幣発行をしばりつけている枠だよ。

美香　金本位制のときの保有する金の数量に代わるものが日銀の資産額なんですね。なーんだ、いわれてみれば当然のことなんだわ。どうしてこんなことがわかんなかったのかしら。ところで先生、日銀の資産って、何ですか?

教授　いろいろあるが、主なものでいえば、保有している国債、買入手形、貸付金、外国為替などだよ。それに法律で決められている日銀の資本金一億円も含まれるね。たとえば、いま出回っている紙幣が少ないと判断したとき、日銀は都市銀行などが保有している国債を買って紙幣を渡すんだ。このとき、経理のうえでは、買った国債は資産であり、発行した紙幣は負債になる。発行した紙幣には日銀の資産という裏付けがちゃんとあります、だから信用しても大丈夫というわけだよ。

国債
国が経費の不足を補うために発行する債券。民間銀行は手持ちの国債を日銀に売却して資金を調達する。

買入手形
民間銀行は日銀に手持ちの手形を売却することで資金を調達する。このとき日銀が買入れた手形のことを買入手形という。日銀は買入手形という資産を裏付けに紙幣を発行する。

貸付金
民間銀行が日銀から借入れた資金。日銀はこの貸付金に見合う紙幣を発行することができる。

日本銀行の資本金
日本銀行法第五条で、日本銀行の資本金は一億円に定められ、そのうち五五〇〇万円を政府が出資することになっている。

良太　なるほど。それで紙幣は日銀の発行する借用証書ともいわれているんだ。

教授　そう。だから、日銀で働いている人たちの給料などの経費が紙幣を発行してまかなわれることは絶対にありえないことなんだよ。

美香　それじゃ、その経費は何でまかなっているんですか?

教授　国債や銀行などに貸したお金につく利子でまかなっているんだ。

ジュリア　金に代えることができなくなった紙のマネーが、みんなにマネーとして認められるには、信用が大事なのがよくわかりました。わたしの国のお札、米ドル札の裏面に「われわれは神を信じる」と銘記してあるのは、こういう意味があったのですね。

教授　そう、いまやマネーは信用から成り立っているんだよ。みんなが信用してそれをマネーとして認めれば、それはマネーとして流通することになる。これを信用マネーと呼ぶんだ。今日のマネーはこの信用マネーのことなんだよ。これはマネーについて考える際、非常に重要なことなのでよくおぼえておくといいよ。

良太　原価がたったの二三円の一万円札、考えてみれば、ただの紙きれにすぎないのに、みんながそれは一万円の値打ちがあると認めるからこそ、それが一万円の値打ちのあるものとしてマネーの役目を果たすことができるようになるというのですね。

美香　それじゃ、信用さえちゃんとあれば、紙でなくてもマネーとして流通することになりますね。

教授　そう、いいポイントをついたね。良君、一つ質問をしてもいいかな。いま紙でないマネーとして認められているものといえば、どんなものがあるかな？

良太　銀行の預金なんか、そうじゃないですか。クレジットカードで買い物をしたら、その代金は銀行の預金口座から支払われるからです。この場合、支払いに紙幣はぜんぜん使われていません。

教授　そうだね。良君がいうように、じつは、今日マネーというときは、紙幣などの現金だけでなく預金もそのなかにふくまれるんだね。それは預金も紙幣と同じような役目を果たすからだ。カードで買い物の支払いを済ますということは、銀行の預金が相手の預金口座に移るということだよね。結局、預金で支払ったわけだ。しかも、紙のマネーだとかさばるし、大量に持ち運ぶときは盗難や紛失に備えないといけないし……。だから持ち運びにはけっこう費用がかかるよね。それにくらべて、預金というマネーなら預金口座間で預金を移しかえることだけで済むし、それに費用もそれほどかからないから、紙幣などの現金より便利なわけだ。とくに海外とのマネーの決済にはこの預金マネーのほうがずっと便利になることくらいすぐわかるよね。世界中の人たちが紙幣より預金のほうがマネーとしてずっと便利だといってどんどん使うようになったんで、預金というマネーがマネーの主流におどり出てきたんだ。

ジュリア　銀行の預金口座にある数字がマネーということなんですね。

教授　その通り。みんなこれで、マネーってどんなもの？　と問われても十分それに答えられるようになったようだね。たいへん結構。そろそろ結論をいおう。いまや、紙のマネーは、流通するマネー全体のほんのちょっぴりの存在にすぎないんだ。現在のマネーの多くはもはや紙ですらなく、銀行のコンピュータ・システムのなかに蓄えられた磁気テープのなかの数字といっていいんだよ。人類が二〇世紀に創造し、二一世紀に引き継ぐマネーは、銀行のコンピュータのなかで飛び交う数字ということになるね。マネーは時代とともに進化してきたことがよくわかったと思うが、どうだろうか。

良太　二一世紀ではマネーはどう進化するのかなぁ……

教授　それはもうぼくなんかの世代ではなく、若いきみたちの世代が考える仕事になるね。

●デビットカード
デビットとは、「即時決済」を意味することば。買い物の際、銀行のキャッシュカードを使用する。店頭でカードを機械に読み取らせ、暗証番号を入力すると、店から電話回線で情報が銀行に伝わり、客の銀行口座から購入金額分だけ引き落とされ、店の銀行口座に移される。その場で代金が銀行口座から引き落とされ決済されるのでデビットカードといわれる。電子マネーの一つ。
利用範囲がしだいに全国的に広がりつつあり、二〇〇〇年三月現在およそ一〇万店で利用できる。

マネーの値段

教授　マネーにも値段がついているといわれたら、良君はどんなものを想像するかな？

良太　マネーの値段ですか、そうですね、いま銀行預金の利子がめちゃくちゃ低いので、ぼくの母などこんなに利子が安いと銀行に預金するのがばかばかしいとよくいってます。さっきマネーのほとんどは銀行預金ということでした。だから、この銀行預金につく利子などは、先生がいうマネーの値段になると思います。

教授　ジュリアはどんなものを思いつくかな？

ジュリア　ドルを円に替えるときの為替レートです。

教授　そうだね。前に金融はマネーのやりとりのことだといったよね。やりとりである以上、いくらでやりとりするか、といった条件を決めなければいけない。良君のおかあさんの場合だと、銀行預金よりももっと条件のいいものがあれば銀行預金なんて止めてもいいと思っている。銀行預金の値踏《ねぶ》みをしていることになるね。ジュリアだって同じだね。できるだけ条件のいいときを狙ってドルを円に替えようと、円の値段を値踏みしているといえる。お金を借りるときだってできれば安く借りたいと思うんじゃないかな。

美香　みんな毎日毎日いろんなところでお金の値踏みをしている。それはマネーにも値段がついている証《あかし》だというのですね。

教授　その通りだよ。マネーの値段にはいろいろな呼び方がある。あるときは利子、金利と呼ばれ、またあるときは為替レートとも呼ばれている。為替レートについてはあとで取り上げるとして、ここでは金利というマネーの値段のはなしをしよう。自動車や米などの商品の値段は需要と供給の関係で決まるというのは経済の初歩だが、金利もやはり需要と供給の関係で決まるんだよ。お金がダブついているのに借りたい人が少なければ金利は下がり、反対に、お金が足りないのに借りたい人が多ければ金利は上がる。金利は市場で決まるのが基本なんだ。ところで美香は、ゼロ金利政策ということばを聞いたことがあるかな?

美香　新聞にときどき載っていますね。でもどういうことなのかよくわかりません。

教授　ちょっとこれをみてごらん

といって、教授はパソコンのキーを操作すると、画面上にグラフが映っていた。その

●**金利**
預金に対しては、一定期間ごとに利子が支払われる。この利子を元金で除した値を%で示したものを金利という。通常、金利は一年単位で表示される。

●**需要と供給の法則**
供給が需要を上回ると商品の価格は下落する方向に向かい、逆に、需要が供給を上回ると価格は上昇する方向に動く。
そして買い手側の購入したい総量と売り手側の売りたい総量とがちょうど等しくなる状態で価格は決まる。このときの価格を均衡《きんこう》価格《かかく》という。

グラフを指差しながら、

教授　この薄色の折れ線は無担保《むたんぽ》コール翌日物《よくじつもの》市場の金利の動きを示したものだ。

良太　先生、その無担保コール翌日物市場って何のことですか?

教授　コールという英語は呼ぶとか電話を掛けるといった意味のことばだよね。そこで銀行などの金融機関どうしが、情報通信手段を使って、ちょっと資金が足りないので融通してくれないか、すぐ返すから、ああいいよ、いくらで融通すればいいかな、といった調子でマネーを融通しあう金融市場のことをコール市場というんだ。これには、担保をつけてね、担保はなくていいよ、といった二種類あるが、後者のほうを無担保物というんだ。明日になったら返してね、約束よ、というのがオーバーナイト、翌日物なんだ。こういった内容の市場のことをいうんだよ。

良太　銀行などの金融機関どうしがマネーを融通しあうコール市場のなかで、担保を必要とせず、期間が翌日までの資金取引をする市場のことなんですね。

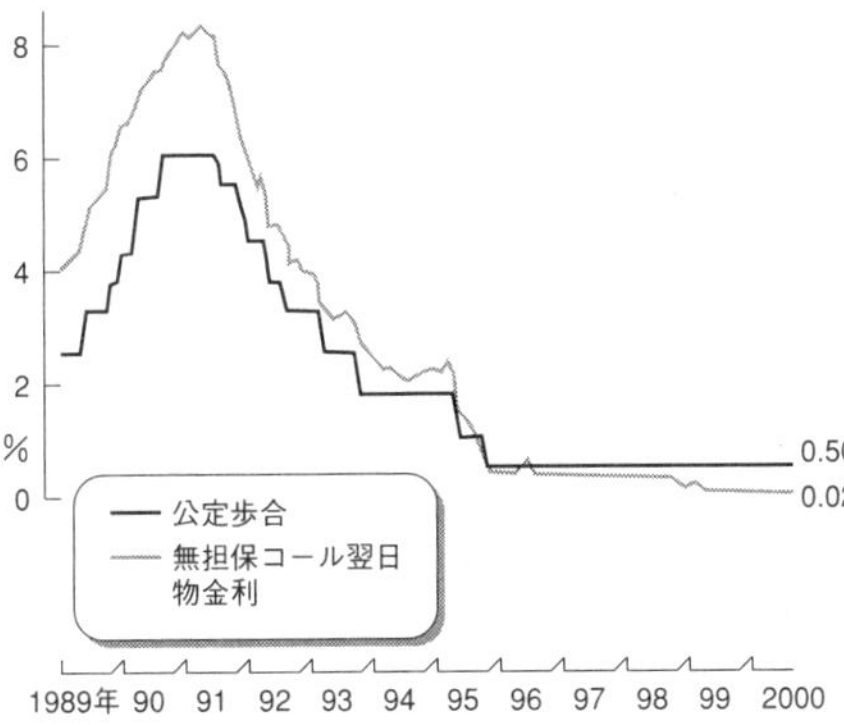

日本銀行の政策金利，ここ10年の動き

教授　そうだよ。この市場はね、短期の資金取引のなかでもっとも期間が短いうえ取引量も多く、都市銀行などの金融機関に日々の資金の過不足を調節する手段として活用されているんだ。その金利は金融市場の金利、とくに短期市場金利の指標となっているんだよ。

ジュリア　先生、この場合、短期というのはどのくらいの期間のことをいうのですか？

教授　一年未満だよ。期間が一年以上のものを長期というんだ。

美香　無担保コール翌日物金利はいろいろな市場金利の指標となっているとおっしゃったんですが、どういう意味なんですか？

教授　この金利の動きでほかの市場金利が動いていくんだよ。無担保コール翌日物の金利が上がるとほかの市場金利も上がる、下がればほかの金利も下がるというふうにね。だから、非常に重要な金利なんだよ。そこで、金融政策を担当する日本銀行は、この無担保コール翌日物金利に誘導目標を設定し、実際の取引金利がその誘導目標に近づくようにこのコール市場のマネー量を調節しているんだ。それで政策金利と位置づけられ、公定歩合《こうていぶあい》と並んで日銀の重要な金利政策手段なんだよ。

●コール市場
金融機関だけが参加するインターバンク市場のひとつ。金融機関どうしが資金の過不足を調整するための市場で、ここでは金融機関が比較的期間の短い資金を融通し合う。このほか、インターバンク市場には、コールよりも期間がやや長めの資金を融通し合う手形市場がある。

●公定歩合
日本銀行が民間の銀行にお金を貸し付けるときの金利。民間銀行の預金金利や貸出金利はこの公定歩合に連動して動く。この金利を上下させることで、日銀は金融面から経済の安定化を図る。

美香　あっ、そうか、この誘導目標をゼロ％にする、これがゼロ金利政策なんですね。

教授　そういうことだよ。日銀は九九年二月からこのゼロ金利政策を継続しているんだよ。それまでは誘導目標を〇・二五％にしていたんだ。これでもずいぶん低いのに、とうとうゼロ％にしちゃったんだよ。つまり、このコール市場でマネーを調達する際、その値段が実質ただになるように、日銀はこの市場に資金を流し込むことにしたんだよ。二〇〇〇年六月でみると、この無担保コール翌日物金利は〇・〇二％で、実質ゼロ％といっていいね。

良太　それじゃ、銀行はこの市場でただで資金が借りられるというわけですか？

教授　そうだよ。

良太　それじゃ、ただで手に入れたマネーを利子をつけてだれかに貸せば利益を稼《かせ》げるじゃないですか。なんか割り切れないなぁ。なぜこんなことをするんですか？

教授　日本経済がずっと不況つづきだろう。なんとかしてこれを立ち直らせたい、それでたくさんのマネーを国内経済に入れて、お金をぐるぐる回らせて経済を活性化させることにしよう、こういう思いで日銀はお金を入れたんだが、経済はなかなか立ち直らない、もっとやらなきゃといって、とうとうただで市場にお金を流すことにしてしまったんだよ。銀行がこの金利ゼロのお金を企業などに貸して、それが設備投資などいろいろなことに使われるなら、経済の活性化に役立つことはある程度期待できるんだが、このマネーが金利の高い、たとえばアメリカに流れていってしまえば、ちょっと問題だよね。事実、銀行などの金融機関はこのお金を使って金利の高い海外の金融商品を購入して利ざやを稼いだといわれており、ゼロ金利政策は銀行などの金融機関を救済するためにあるだけじゃないかと批判もされているんだ。

ジュリア　先生、このゼロ金利政策で銀行預金の金利はどのくらいまで下がったのですか?

教授　そうだなぁ、二〇〇〇年の六月でみて、普通預金の金利は〇・〇五%、一年物定期預金で〇・一二%といったところかな。

ジュリア　ほとんど金利なんてないようなもんですね。良のおかあさんが嘆くはずだわ。

美香　良のおかあさんだけでなく、年金や退職金などで生活しているお年寄りの人たちも同じじゃないかしら。

教授　そうだろうね。これがどれだけ低いものなのか、それを実感してもらうために、こんな計算をしてみたんだ。いま良君のおかあさんが手元にあったお金五〇万円をとりあえず普通預金で預けたとするね。金利は〇・〇五％だけど、この金利におよそ二〇％の税金がかかるから、この分を差し引くと、実際手に入る金利は〇・〇四％になる。一年預けてもらえる利子はちょうど二〇〇円だ。もし良君のおかあさんが別の銀行から時間外にＡＴＭ（現金自動預け払い機）でお金を引き出せば、手数料として一回につき二一〇円払わなければならない。なんと普通預金で一年間五〇万円預けたときにもらえる利子では足りないんだよ。この実態を知って、手数料が高すぎると怒るべきか、金利が安すぎると嘆くべきか……ということになるね。

良太　どっちもあてはまると思います。おふくろが嘆いたのもオーバーなはなしじゃなかったんだ。

美香　わたしもそう思う。ひどすぎるわ。

教授　もうちょっとみんなを怒らせようかな。これで預金者の手元に入るべき利子収入が年間どのくらい減ったと思う？　こういうことを推計した人がいてね、その人によると、なんと一〇兆円は下らないということだ。どうだね、もっと怒

普通預金
いつでも預け入れや払い出しのできる預金。要求払い預金の代表格。利子に対して一律二〇％の税金が課せられる。

りたくなったかね？

良太　なりました。ひどいはなしです。これじゃ、預金なんかしたくない、そういう気持ちになります。

教授　それじゃ、そのお金どうすればいいと思う？

良太　株とか投資信託に投資する……。

教授　そういうだろうね。でも、投資信託、ましてや株は怪しげで、にわかに信じがたい、だから単純に大切なお金をそういう怪しげなものには回すわけにはいかない、しかたがない、銀行預金でがまんするか。そんなわけで気持ちが治まらないままいまに至っている。こんなとこじゃないの、庶民の気持ちは。

美香　でもその気持ち、すっごくわかる。こういう庶民の気持ち、政府や日銀は大切にしてほしいと思う。それで先生、このゼロ金利政策、日銀はいつまでつづけるつもりなんですか？

教授　日銀はこのゼロ金利をそろそろ止めたいと思っているんじゃないかな。最近開かれた金融の国際会議などでゼロ金利解除の根回しをしだしたからね。でも政府は絶対反対というだろうね。これまでも解除したいときもあったんだが、その都度政府の反対などでタイミングが合わず、できなかったんだが、こんどは解

●投資信託
多数の投資家（顧客）から資金を集め、集めた資金を一つのファンド（基金）としてまとめ、ファンドマネージャーと呼ばれる投資のプロが、株式相場などをにらみながら分散投資をして運用する。運用の成果は顧客の出資した資金に応じて分配される。最近人気急上昇の金融商品。

●日銀、ゼロ金利解除決定
二〇〇〇年八月一一日、日銀は、前年二月からつづけてきたゼロ金利を解除した。無担保コール翌日物金利の誘導目標を〇・二五％に引き上げた。
その後、これを背景に預金金利や貸出金利を引き上げる動きが広がり出した。

除に踏み切ると思うね。その時期はこの（二〇〇〇年）八月とみている。誘導目標をいまの実質〇%から一年半ほど前の〇・二五%くらいに引き上げるんじゃないかな。

ジュリア　誘導目標を〇・二五%まで引き上げると、こんどは預金金利などが上昇するようになるんですか？

教授　上昇するようになるね。普通預金や定期預金の金利はいまの倍くらいになるんじゃないかな。

美香　ということは、普通預金で〇・一〇%、一年物定期で〇・二〇%くらいですね。

教授　そうだね。このほか、貸出金利も上昇するようになるね。たとえば、住宅ローン、それから貸出金利の基準となる短期プライムレート（最優遇貸出金利）なども上昇することになるね。これまでのはなしでわかってほしいことは、マネーの値段を金利に限ってみても、預金金利だけでなくいろいろなものがあり、それらが、日銀の無担保コール翌日物金利という政策金利の意図的操作によって変動するということなんだよ。

美香　マネー取引の内容によって、金利というマネーの値段もいろいろあって、

定期預金
一定期間引き出さない約束で銀行などに預ける預金。普通預金にくらべ高い金利がつく。

プライムレート
最優遇貸出金利ともいわれ、銀行が優良な企業に資金を貸出すときの貸出金利のこと。銀行は借り手の企業の信用度、担保の有無などによってこのレートより高い貸出金利を設定することがある。

それらが無担保コール翌日物金利という政策金利によってコントロールされているというわけですね。これ以外にも政策金利と呼ばれるものはあるんですか?

教授　公定歩合があるね。これはもっと強力な政策金利だ。

ジュリア　それはどういうものですか?

教授　日銀がその取引先にお金を貸出す際に適用される金利のことだよ。

良太　日銀にも取引先があるんですか。どんなところですか?

教授　日銀に口座を持っている銀行だよ。

美香　どうして公定歩合と呼ばれるんですか?

教授　日本銀行法という法律で、この金利は日銀が決め、それを公告すると定めているんだ。歩合というのは比率という意味のことばだよね。それで、この法律で金利を利子歩合と表現しているんだ。それで公定歩合というんだよ。

良太　さっきの誘導目標ではなく、日銀がこの金利を何%にすると決めちゃうんですね。

美香　日銀が取引相手の銀行にこの金利でよいならお金を融通してあげるわよ、というのですね。でも、どうしてこの金利を、取引相手だけでなく、わたしたちなんかにも知らせないといけないのかしら?

●**日本銀行法**
日本銀行の目的、業務の運営、銀行券の発行などを規定する法律。昭和一七年に制定された。

教授　それはね、この公定歩合がいろいろある金利に大きな影響をおよぼすからだよ。さっきの無担保コール翌日物金利どころじゃないんだ。日銀がこれを引き上げると、短期の金利も長期の金利も上昇するんだよ。それだけでなく、市場に出回っているマネーの量も少なくなるなどその影響力は大きい。ちょっとこれをみてごらん。

といって、パソコンを操作すると、画面上につぎのような文面が映し出された。

日本銀行法・第一条（目的）

日本銀行ハ国家経済総力ノ適切ナル発揮ヲ図ル為国家ノ政策ニ即シ通貨ノ調節、金融ノ調節及信用制度ノ保持育成ニ任ズルヲ以テ目的トス

良太　わあー、こっとう品みたいに古めかしい文章ですね。

教授　この日銀法第一条の内容、良君がこっとう品みたいといったこの文章が、日銀ができてからいまに至るまで、変わることなく日銀の目的といわれているものなんだ。これはまた金融政策の目的でもあるといわれている。この目的を果たすために日銀はいろいろなことをするんだよ。その一つがマネーの値段、金利のことだね、それをコントロールすることなんだ。そのための強力な武器が公定歩合ということわけだよ。だから、この公定歩合を引き上げたり、引き下げたりするこ

長期金利
国債などの債券流通市場で取引される一〇年物利付き国債の利回りのことで、あらゆる金利の根幹をなす金利のひとつ。長期金利が変動すると、住宅ローン金利やいろいろな金融商品の金利が変動する。

とは、日銀の金融政策の意図を世間に明確なかたちでアナウンスメントすることになるんだよ。そのアナウンスメントで、金融業界はもとより、産業界も、そして国民も、これからの経済がどうなるのか、ある程度見通すことができるようになるというわけだね。

美香　どういう場合に、日銀は公定歩合を引き下げるんですか?

教授　景気がよくないと判断したときだよ。これを引き下げると、銀行はお金を借りやすくなるよね。それは銀行が企業などにお金を貸しやすくなることだね。企業はお金が借りやすくなったんで、設備を増やしたり、人間をもっと雇ったりするのにお金を借りようとする。企業などの金回《かねまわ》りがよくなる、それで景気はよくなるというわけだよ。

良太　金回りがよくなりすぎると判断したとき、日銀は公定歩合を引き上げるのですか?

教授　そういうことだね。

ジュリア　公定歩合はいまどのくらいなんですか?

教授　さっきのグラフを出してみよう

といって、パソコンを操作した。

教授　ほら、この濃色《のうしょく》の折れ線が公定歩合の動きを示したものだよ。いま公定歩合が〇・五％になっているね。低いよね。どんどん引き下げられて、九五年の一二月よりずっとこの水準に据《す》え置かれていることがわかるね。これを指して超低金利政策と呼んでいるんだ。

美香　日銀は、いつまで公定歩合をこんな低い水準に据え置くつもりなんですか？

教授　ここしばらくは上げるつもりはないみたいだね。

2　どうなる銀行

銀行の生い立ち

ジュリア　これまでのマネーのはなしで預金というマネーに抱《いだ》いている信用がくずれると経済がおかしくなる、わたしたちの生活もめちゃくちゃになりかねないということがよくわかりました。それだけにこのマネーのもつ信用をきちんと守っていくことを使命とする銀行の存在は大きいですね。

美香　でも先生、それにしては、信用マネーにもっとも関係が深い銀行、もっとも日本の銀行のことですが、その信用がすっかりなくなったんじゃないでしょうか。

教授　すっかりはちょっといい過ぎかもしれないが、かなり信用がなくなったことはいえるね。そのせいか、アメリカあたりの有力な銀行が日本に進出してどんどん勢力を伸ばしてきているよね。

●シティバンク
日本で一番有名な外国の銀行。
日本で営業をはじめたのがいまから一〇〇年近くも前ということで、古い実績もあるが、日本での営業攻勢が目立ちはじめたのは最近である。ATMからの現金引き出しが二四時間可能というサービスを最初に打ち出す。海外で自由に引き出せるキャッシュカードを発行する。このようないつも日本の銀行の先を行くサービスを提供して、外国の銀行のサービスはすごいというイメージづくりに貢献した。なお、金利が高い銀行というイメージもつくりあげたが、こちらのほうは多少カラクリもあるのでイメージ通りに受けとらないほうがよいともいわれている。

ジュリア　どうしてアメリカの銀行が日本の銀行にくらべ勢いがあるんでしょうか?

教授　いろいろな理由があると思うんだが、銀行の生い立ちを振り返るだけでヒントらしきものがでてくるね。アメリカの場合、一九世紀半ばに石油資本のロックフェラー家、鉄道資本のモルガン家、この両家が銀行の基礎をつくったんだ。一方日本のほうは、明治のはじめに、渋沢栄一が国立銀行条例で銀行制度を立ち上げたんだが、純粋の民間資本の力での銀行は二〇世紀に入ってからなんだよ。つまりだ、はじめから民間の産業資本と一体化した民間の金融資本という構図から生まれ育ったアメリカの銀行、そうではなかった日本の銀行、生い立ちでもうちがっていたんだね。

ジュリア　でも、先生、日本にも財閥《ざいばつ》系の銀行があって、そこでは産業資本と金融資本が合体していたんじゃないですか?

教授　よく知ってるね。でもね、その内容にはかなりの差があったんだ。なにせ日本の銀行は最初から国の干渉ありきだったからね。

美香　そのことがどうしていまの勢いのちがいに結びつくんですか?

教授　それは収益性や競争に視点を当てると浮き彫りになると思うよ。アメリカ

◎**財閥**
戦前の日本の経済界を支配した三井、三菱、住友、安田など一族から成る巨大な資本家グループ。

の銀行は、はじめからきびしい競争社会のなかで買収や合併をくり返しながら収益性を追い求めていく環境で育ってきたんだ。それに対し、日本の銀行は、制度に守られたなかで横並びして育ってきたんだよ。

美香　はじめから競争意識がちがってたということですか?

教授　そういうことだね。アメリカの銀行は、経営に失敗すると買収されちゃう、いつ強い銀行に飲み込まれてしまうかわからない、という環境にあるんだよ。収益をあげるためにはどんどん積極的になるんだ。その好例が、デリバティブ、これはあとで取り上げる予定にしているが、こういう新しい金融技術が出てくると、すぐ取り入れて商品化させちゃうことにも出ているよ。こうした金融技術はグローバルな市場を想定して開発されたもんだから、ますます海外へ手を伸ばす。一方、日本のほうは、横並びの精神だから、ライバル銀行を飲み込んで大きくなろうなんて気はさらさらない。だから、こういう新技術には関心を示さない。冒険はいや! というわけだ。これじゃ、おのずから差がついちゃうだろ。九〇年代になって、アメリカの銀行の評価が高くなる、反対に日本の銀行の評価が低くなる、この明暗が目立つようになるんだ。

●デリバティブ
株式や通貨、金利など金融商品の価格変動リスクを回避し、高い収益を狙って開発された金融ハイテク商品。株式や金利など本来の金融商品から派生したものなので、こう呼ばれている。

どうなる日本の銀行

良太　日本の銀行はどうなるんでしょうか?

教授　こうした外資系銀行の攻勢に日本の銀行はものすごく危機感を感じているんだよ。その対抗策としていま日本の銀行が打ち出しているのが銀行どうしの合併や統合なんだ。たとえば九九年の夏、第一勧業銀行と富士銀行、日本興業銀行の三行が打ち出したのが二〇〇〇年秋にこの三行が統合し、「みずほファイナンシャルグループ」と名乗ることにしたと発表したよね。この三行の資産を合わせると一四一兆円になる世界最大の銀行が生まれるというので、世間もびっくりしたんだ。そしてそのびっくりがまだおさまらないその年の一〇月に、こんどは住友銀行とさくら銀行が合併すると発表したんだ。住友銀行は住友グループのたくさんの会社とつながりがあるし、もう一方のさくら銀行のほうは三井グループのたくさんの会社とつながりがあるんだよ。この二つのグループの枠を超えて進む大銀行の合併っていったい何なんだ、これまたみんなおどろいたんじゃないかな。

ジュリア　先生、いま統合とか合併とかおっしゃったんですが、この二つはどう

◎**住友グループ**
白水会と称し、二一の会社で構成されている。住友銀行・住友信託銀行・住友海上火災保険・住友生命保険・住友商事・住友林業・住友石炭鉱業・住友建設・住友化学工業・住友金属工業・住友ベークライト・住友軽金属工業・日本板硝子・NEC・住友セメント・住友重機械工業・住友電気工業・住友金属鉱山・住友電気工業・住友不動産・住友倉庫

ちがうんですか？

教授　住友とさくらの場合の合併だが、これは文字どおり、二つの銀行が合体するということだよ。これはわかるよね。

美香　一つの銀行になるということですね。で、こんどはどんな名前の銀行になるんですか？

教授　そうだよ。名前は「三井住友銀行」だ。文字どおり二つのグループがいっしょになったことを内外に示すのにもっともわかりやすいネーミングだよね。それから、もう一つの第一勧業銀行などの統合のほうだが、これは三行で持株会社を設立するということなんだ。

美香　持株会社の設立って、どういうことなんですか？

教授　それはね、三行が資金を出し合って自分たちの親会社を新たにつくるんだ。これが持株会社といわれるもので、それぞれの銀行の株を持ち、親会社としてそれぞれの銀行の業務分野などについて再編成し、グループとしての効率化を図ろうという狙いなんだよ。三行が親会社のもとでともに手をたずさえて生き残りをかけるというわけだ。これが統合なんだよ。

良太　じゃ、第一勧業銀行などの三行はこの持株会社の子会社になるんですか？

●三井グループ
二木会と称し、二三の会社で構成されている。さくら銀行・三井信託銀行・三井生命保険・三井海上火災保険・三井物産・三機工業・日本製粉・東レ・王子製紙・三井東圧化学・三井化学・秩父小野田・日本製鋼所・三井金属・東芝・三井造船・トヨタ自動車・三越・商船三井・三井不動産・三井倉庫・電気化学工業・石川島播磨工業

●銀行持株会社
銀行や証券会社などの金融機関、クレジットカードやリースなど銀行業務に関連する業務を営む会社のみを子会社とすることができる。銀行などの金融機関が持株会社を設立して自らが子会社となる場合や非金融業の会社が金融子会社を持つ場合などが考えられる。九八年三月から設立が解禁された。

教授 そういうことだ。

美香 ほかにも統合や合併を予定している銀行はあるんですか？

教授 もうずいぶん前になるが、三菱銀行と東京銀行が合併して東京三菱銀行という名前になったことは知ってるね。この東京三菱は、二〇〇〇年の四月、一年後に三菱信託銀行と統合し、さらにその半年後には、こんどは日本信託銀行、東京信託銀行と合併し、東京三菱ファイナンシャルグループをつくるんだと発表しているよ。また、東京三菱が発表した一ヵ月前には、三和銀行と東海銀行、それにあさひ銀行が一年後をめどに統合することを発表しているね。もっともその後あさひ銀行は統合への参加を取りやめているがね。

良太 どの銀行とどの銀行がいっしょになるのかすぐには覚えられないくらいめまぐるしい再編成がこれからはじまるんですね。

ジュリア 大きい銀行が生き残りをかけて統合や合併をするというのはわかるんですが、新聞などを読みますと、その裏でたくさんの公的資金というんですか、税金が銀行に注ぎ込まれています。新聞などでもこれについてはけっこう批判も強いようですが……。

美香 先生、いまジュリアのいった公的資金の注入のことですが、これって具体

◎金融機関・暗黒の一一月

九七年一一月は金融機関にとって悪夢のようなひと月であった。三洋証券の経営破たんにつづいて北海道拓殖銀行が自主再建を断念して破たん。さらに山一證券も自主廃業を決めて姿を消した。また、仙台市に本拠をもつ徳陽シティ銀行もこの月破たんした。つぎつぎに破たんする金融機関の姿をみて預金者や投資家に不安が広がった。銀行を救済し、この国民の不安を静めるため、政府は公的資金、つまり税金を銀行などに注ぎ込んだ。注ぎ込まれた金額は九八年三月に一兆八一五六億円、九九年三月に七兆四五九二億円に上った。

的にはどういうことなんでしょうか？　政府が税金などで集めた国民のお金をただで銀行にあげることなんですか？　それともそのお金を銀行に預金するということですか？

教授　いま美香がいったいずれでもないんだ。銀行はいろいろな会社などにたくさんのお金を貸しているよね。もしこの貸したお金を返してもらえなくなったら銀行は困るよね。この返してもらえなくなったお金を不良債権というんだ。いま多くの銀行でこの不良債権をいっぱい抱え込んで困っていることはみんなも新聞などでよく知っているよね。こういう状態で、もしたくさんの預金者が自分の預金を引き出したいといってきたら、良君、銀行はどうなると思う？

良太　貸していたお金が返してもらえなかったら、預金者に返すお金が足らなくなるんで、銀行はつぶれてしまいます。

教授　最悪の場合、そうなるよね。いま良君のいったように、貸していた人から返してもらえず、預金者に返すお金が足らなくなったら、銀行は自分のお金で返すほかないよね。この自分のお金のことを自己資本というんだ。株式会社である銀行は自分がやってしまった損失はこの自己資本で穴埋めするしか方法がないんだ。だからこの自己資本で預金者などへの返済ができなくなってしまったら、銀

●自己資本
返済義務のない自分のお金。株式会社の場合、株主資本とも呼ばれている。

行は倒産するしか道はないというわけだよ。銀行に対しそういううわさが流れるだけで、預金者はとにかく自分の預金だけは返してほしいと銀行に押しかけてくるんじゃないかな。これを銀行への取り付け騒ぎといってるんだ。こうならないように何か手を打つ。その一つの手が銀行の自己資本に公的資金を入れるやり方なんだよ。これで銀行の自己資本はとりあえず増えるからね。

美香　なるほど、公的資金の注入って、銀行の自己資本を増やすためのものだったんですね。はじめて知りました。でも、具体的にはどう注入するんですか?

教授　簡単なことだよ。株式会社である銀行が新たに株を発行して、それを国に買ってもらうんだよ。

ジュリア　じゃ、国がその銀行の株主になるんですね。

教授　そう。国は銀行の株主になって、たとえ不良債権がいっぱいにあっても、なんとか銀行に仕事を続けさせることができるようにするんだよ。

良太　銀行をつぶさないために公的資金を使うんですね。銀行以外にもつぶれちゃう会社があるのに、それは助けず、なぜ銀行だけを助けるようなことをするのかな?

教授　良君の疑問に対し、政府は、「銀行があちこちでつぶれるようなことがあると取り付け騒ぎが続発し、金融のしくみがめちゃくちゃになるので、それを防ぐために公的資金を使うのであって、銀行を守るために国民のお金を使うのではない」といってるんだ。

美香　マネーの信用もなくなっちゃう、経済もおかしくなっちゃうというわけで、公的資金を銀行に入れるというんですね。その理屈はわかるんですが、なにか割り切れないものがあるのよね。

教授　そうだね。公的資金はマネーの信用を維持するためのコストというわけなんだが、ただ、こうなったのは銀行の経営の失敗にあるんだから、その失敗の責任を銀行はどう取るのか、また、こういうコストをかけたら銀行はほんとうに立ち直ってくれるのか、ここらあたりがいまひとつはっきりしないので、お金を入れる国民の側でもやもやした思いが募《つの》っちゃうんじゃないかな。

ジュリア　いまひとつはっきりしないということですが、具体的にはどういうことですか?

教授　経営者は自分の進退・処遇についてきちんとけじめをつけているのか、やるべきリストラをきちんとやっているのか、みずからの経営努力で自己資本の充実をほんとうにやる意思があるのか、ここらあたりの情報を銀行側がだれにでも

●公的資金
国民のお金のこと。公的資金ということばがはじめてニュースで注目されたのは、九六年に住宅金融専門会社の解体処理をめぐって、政府により六八五〇億円の税金を公的資金として投入されたことがあげられる。しかし、その後の金融危機に備えて投入された公的資金には、税金以外のお金も使われるようになった。一つは政府が国民から預かっている郵便貯金や簡易保険のお金である。二つは国債発行による国の借金である。三つは日銀の貸出金である。国債はいずれ将来の納税者が返済するものであることや日銀の貸出金が返済されない場合は国民が税金で保証することになっていることなどにより、結局は、公的資金とは国民のお金のことと考えてよい。

わかるように公開してないんだよ。

ペイオフの解禁

良太　公的資金を入れるほかにも銀行を立て直すことをやっているんですか?

教授　これまで大蔵省に銀行を守ってもらい、そのなかで行員には高給を保証したりして銀行を居心地のいいものにし、銀行を役人たちの退職後のおいしい天下り先にしていたことは、いまでは国民のだれでもが知っていることだよね。いくら公的資金を入れたって、銀行がこんなことばかりやっていたんじゃだめだ、だから大蔵省には銀行からどんどん手を引いてもらって、銀行にもっともっと競争させようという考えが出てきたんだよ。いままでは護送船団方式《ごそうせんだん》といって、どんな銀行でもつぶさないという前提で大蔵省は銀行を管理してきたんだが、これからはそれではいけない、経営努力を怠った銀行はつぶしてしまおうということなんだ。この一八〇度考えが変わったという象徴的現象が、いわゆる「ペイオフの解禁」というものなんだよ。

ジュリア　銀行にお金を注入するんではなくて、競争意識を注入しようというこ

護送船団方式
船脚の遅い輸送船を守るため、戦艦や駆逐艦などが輸送船のスピードに合わせてゆっくり進むことをいう。経営効率が悪く競争力のない銀行を保護するために大蔵省がとった銀行管理を指してよく使われる。いまの時代に合わなくなった行政の典型。

となんですね。当然の考えだと思います。

美香　そのペイオフというのは、どういうことですか？

教授　ペイオフというのは、銀行が破産状態になったとき、それを助けるんじゃなくて、預金者から預かってたお金を払いもどさせ、その銀行を清算、つまりつぶしてしまうことだよ。

美香　そういうことですか。じゃ、その解禁というのは、これからはだめな銀行はつぶしますよと宣言することなんですね？

教授　そういうことだね。

美香　でも先生、預金者に払いもどすお金が足らなくなるから銀行は倒産するんでしょ。だったら、倒産した銀行に預金を払いもどさせるといったって、そんなお金ないんじゃないでしょうか。そのとき、預金者のお金はどうなるんですか？預金者はあきらめるんですか？それとも国が肩代わりして払いもどすんですか？

教授　いや、そうじゃないんだ。法律で預金保険制度という保険のしくみをつくって、それぞれの銀行にそこへあらかじめ資金を積み立てさせておくんだ。もし銀行が倒産したら、それぞれの預金者には一〇〇〇万円以内の預金についてはい

●**預金保険制度**
銀行などが経営破たんに陥《おちい》った場合、破たんした銀行に代わって預金者への払いもどしを保証するしくみ。七一年に預金保険機構が設立され、銀行はあらかじめこの保険機構に保険料を積み立てておき、もし経営が破たんしたら、保険機構が代わって預金の払いもどしを行う。

まいった保険で払いもどしを保証するが、それ以上は保証しないということなんだよ。これが預金者に対するペイオフの処置なんだ。

良太　一五〇〇万円その銀行に預けていた人は五〇〇万円もどってこないということですか?

教授　いや、そうとは限らないね。さっき清算、つまりつぶすといったよね、この意味は、銀行が持っている財産のなかから預かったお金を返すということなんだ。たとえば、いま良君が破産した銀行に一五〇〇万円預金していたとしようか。この場合、良君の預金一五〇〇万円は、まず払いもどしが保証されている分の一〇〇〇万円と、残りの五〇〇万円に分けられるんだ。破産した銀行の清算が全部終了した段階で、銀行の財産よりも返さなければならないお金のほうが多いとするね。これを債務超過というんだ。それが二〇%としよう。このとき、さっき分けられた良君の預金はそれぞれ二〇%ずつカットされるんだ。すると、保証されたほうは八〇〇万円、残りのほうは四〇〇万円になるよね。保証される一〇〇〇万円に対して二〇〇万円足りないね。この足りない二〇〇万円については預金保険機構で穴埋めするんだよ。これが保険で保証するという意味なんだ。保証された分以外の四〇〇万円についてはそのまま払いもどされるんだよ。最終的には、良君の預金は一四〇〇万円もどってくることになるんだ。もどらなくなった分一〇〇万円は、良君がこんな経営内容の悪い銀行にいつまでも大金を預けておいたんだから、良君にも責任があるんだよ、だからそのコストを払いなさい、といった意味のものになるね。

良太　一〇〇万円がまんしなさい、ということですね。

美香　もし良が預けた銀行の債務超過が八〇％もあったら、もどってこないお金は四〇〇〇万円になりますね。銀行の債務超過がどのくらいあるかでもどってくる預金の大きさはちがうが、だけど、一〇〇〇万円は保証される、これがペイオフということなんですね。

教授　そういうことだよ。これからは銀行だってつぶれますよ、経営内容の悪い銀行とお付き合いするほどもどってこなくなるお金が増えますよ、だから預金者もしっかり目を開いて預金してくださいというわけだよ。

美香　これからは預金者のほうで銀行をきちんと調べてからお付き合いする時代になるんですね。で、この解禁はいつからなんですか？

教授　はじめの予定では二〇〇一年四月からということだったんだ。だけど、政権与党が二〇〇〇年の春、このペイオフの解禁を一年先延ばしにしてしまったんだよ。

ジュリア　どうして先延ばししたんですか？

教授　それはね、信用組合などの小さい金融機関のペイオフへの対策が十分ではないから、予定どおりに解禁したら、こうした体力の弱い中小金融機関はつぶれちゃうというんだよ。銀行に競争をうながし、経営効率化を促進させるための策だったのに、それを先延ばしするなんて時代に逆行しているといって、エコノミストからも、また新聞の社説などでもずいぶん批判されたね。

銀行業への参入

美香　新聞で読んだことですが、スーパーのイトーヨーカ堂が銀行をつくるそうですね。どんな銀行をつくるんですか？

教授　よく知っているね。イトーヨーカ堂だけでなく、ソニーも銀行をつくるんだと名乗りをあげているね。これまでの銀行業とまったくちがったところから銀行をつくるなんて例がなかったから、みんなびっくりしたんじゃないかな。とくに銀行業界はショックだったそうだよ。イトーヨーカ堂の考えてる銀行は決済専門の銀行といって、預金の口座をつくって、その振り込みや支払いだけを業務とするものだよ。

ジュリア　預かったお金はどうするんですか？

教授　この銀行はだれかにお金を貸し付けるといった業務はしないんだ。

ジュリア　じゃ、預金者に支払う利子はどこから持ってくるんですか？

教授　イトーヨーカ堂はお金の運用についてはいまの銀行ほどくわしくないから、直接その仕事には手を出さず、それは外部のその道のプロといわれる会社に委託することで利益を稼ごうと考えてるようだね。イトーヨーカ堂の狙いは、子会社にセブン‐イレブンという二四時間営業のコンビニを持ってるね、このコンビニは全国に一万店舗ほどあるんだが、このコンビニをフルに活用して預金をかき集めようということにあるんだよ。こういった預金の集め方はいまの銀行にはないよね。だからこの分野ではいまの銀行にぜったい負けないと読んでいるんじゃないかな。

美香　全国のセブン‐イレブンで集めたお金はプロに任せて利益を稼ぐんですね。うまく考えたみたいなんだけど、ほんとうに、うまくいくのかな？

教授　うまくいくかどうかは実際にできてからわかることだよ。

良太　ソニーのほうはどんな銀行なんですか？
教授　ソニーの銀行は、支店などなく、すべてをインターネットで行うネット銀行を考えているんだ。それにソニーは、もうすでに生命保険会社や損害保険会社をもっているから、ネット銀行で集めたお金を運用するノウハウはもうばっちり持ってるんだ。最新ゲーム機「プレイステーション２」もこのネット銀行に使えるようにするそうだよ。
ジュリア　うまくいくと、これまでの銀行にとって強力なライバルになりそうですね。
美香　そう思うわ。なんか銀行のイメージがすっかり変わっちゃうみたい。
教授　そうだね。これからの銀行は図体を大きくすればそれで済むという時代ではないかもしれないね。これからは、巨大な資本力を持ちながらも、ひとりひとりの顧客へはきめ細かいサービスを展開し、新しい事業へも積極的に乗り出すベンチャー的な構想力が求められるんだ。そうでないと銀行も生き残れない時代になったんだよ。

こういいながら、教授がパソコンのキーボードをたたくと、画面上に「為替」という漢字が映し出された。

●ベンチャー
新しい技術や発想をもとにして新しい事業を興すことを指す。

3　外国為替市場の探検

外国為替のしくみ

画面に映った文字「為替」を指さして、
教授　みんな、この漢字、どう読めばいいかな？
全員（いっせいに）「かわせ」と読みます。
教授　正解。ちかごろ経済学部に入った学生のなかにもこの字が読めないのがいるそうで、ぼくなどたいへん悲しい思いをしているんだ。
美香　でも、ジュリア、これってちょっと不思議な読み方だと思わない？
ジュリア　そうね。先生、これには何か由来みたいなものがあるんですか？
教授　そうだなぁ、由来は遠く鎌倉、室町時代にさかのぼるかな。それでこんな漢字があてられているんだ。この漢字、「(立て) 替え」を「為す」とさかさまに読めば、「立て替えする」という意味にこの漢字をあてたことがわかるんではな

●**為替**
手形や小切手を使って遠隔地の取引相手と代金決済をすることをいう。国内の取引の場合を内国為替、外国との取引の場合を外国為替という。

いかな。

良太　あっ、そうか。為替って立て替えを意味することばなんだ。でも、そうなら、立て替えといって、なにもわざわざ為替なんてむずかしい漢字を使わなければいいのに。

教授　うーん、字のことだけにこだわれば、良君のいうとおりかもしれないが、今日使っている為替ということばは、立て替えといい換えてしまえば、かえって意味がわかりにくくなるかもしれないんだ。というのは、もう少し具体的なしくみをもつ立て替えのことを為替といっていたからなんだよ。

ジュリア　具体的なしくみをもつ立て替えって、どういうことですか?

教授　為替のしくみが発達した江戸時代のはなしで説明しよう。当時、消費の中心は江戸、商業の中心は大坂だったよね。江戸で商売している反物店は反物を大量に仕入れようとしたら大坂に出向いて仕入れねばならない。その支払いに小判を使うとしても、その持ち運びの手間や危険は大きく、できたらそんなことは避けたかった。そこで江戸の両替商《りょうがえしょう》にその代金を払い、大坂の反物商は大坂の両替商からその代金を受け取っていたんだ。この場合、大坂の両替商はいっとき立替払いをしたことになるね。もちろんそれは利息をもらってそうしたんだがね。こ

両替商
江戸時代には二つの通貨が流通していた。江戸では金貨、大坂では銀貨が流通していた。この二つの通貨の交換も行われていた。当時この交換レートが一定でなかったので、このレートを決め、手数料をもらって、遠隔地との支払決済のための通貨交換を商いとする店があった。これを両替商という。このときの手数料を両替賃と呼んでいた。江戸と大坂の両替商は、一定の期間に行った取引を合わせて貸し借りを相殺し、その差額を清算していた。いまの銀行と同じ仕事をしていたのである。

のしくみを利用することを為替を組むというんだ。江戸時代だけでなく、それから以後も、為替ということばはこういう意味に使われる独特のことばなんだよ。

良太　外国為替というのも同じなんですか？

教授　いよいよこれでこれから取り上げようと思っていた外国為替のはなしになったね。こんどは国境を越えての立替払いということになるが、まぁ、基本は同じと考えてもいいね。ところで、良君、いま日本では一日どのくらいの原油を輸入しているだろうか？

良太　えっ、見当もつきません。そのほとんどをサウジアラビアなどの中東諸国から輸入していることくらいならわかるんですが……。

教授　そうだね。わからなくて当然だよね。おおよそなんだが、日本ではいま一日あたりでみて五〇〇万バーレルほど輸入しているんだ。一バーレルあたり三〇ドルとしてざっと計算しても、毎日一億五〇〇〇万ドルの代金を、メジャーと呼ばれる石油会社や産油国の国営石油会社に支払っている勘定になるね。一ドルが一一〇円として、この金額を日本円に換算すると、およそ一六五億円になる。日本の石油業界は毎日毎日これだけの資金をどこからか集めてこなければならないんだね。これはたいへんなことだよね。

美香　でも先生、毎日の支払代金が何億ドルになろうと、そのお金は結局、いろいろな石油製品を買った消費者から回収するわけでしょ。そんなにたいへんなことじゃないように思うんですが……。

教授　いや、それがそうとばかりはいえないんだ。だいいち日本に到着した原油はすぐ右から左に石油製品になって売れるわけじゃないんだ。販売代金として回収できるのは半年以上もかかるんだよ。一方、原油代金の支払いは原油をタンカーに船積してからちょうど一ヵ月目に払わなければならないんだ。それが産油国などとの契約なんだよ。

良太　へぇ、きびしいんだなぁ。その代金はドルで支払うんですね。

教授　もちろんドル払いだよ。これをドル建《だ》てともいうんだ。

ジュリア　すると石油会社はそのドルをどこからか調達してこなければなりませんね。

美香　もしそうなら、どうやって調達するのかしら？

教授　そう、方法はいく通りかあるが、多くの場合、外国為替を扱っている取引先の銀行、これを外国為替銀行というんだが、そこにドルの借金を申し込み、とりあえず立替払いをしてもらうんだ。つまり、借金を引き受けた銀行がドルで石油メジャーや産油国の指定する銀行の口座に振り込むというわけだね。

ジュリア　為替ですね。それも外国の通貨での立替払いなんで、外国為替っていうんですね。先生、その返済はいつになるんですか？

教授　普通だと、返済は四ヵ月後だな。もちろん四ヵ月分の利息をつけてドルで返すことになる。ドルで借りたんだから返すのもドル、利息もドル市場の金利が適用されるんだよ。ちょっと考えてみると、この方法を使って、石油会社は輸入代金の支払いの時期を四ヵ月延期したことがわかるだろう。このように輸入代金の支払いを猶予することを「輸入ユーザンス」というんだ。輸入ユーザンスは形を変えたローンであり、金融そのものなんだ。

美香　だから外国為替を扱っているのが銀行になるんですね。

教授　そういうことだね。

良太　返済するのはぜったいドルなんですか？　日本の石油会社だから円で返すほうが便利だと思うんですが……。

教授　かならずドルなんだよ。ただ、返す相手が外国為替銀行だから、実際には返済する時点での為替レートで換算した円で利息をふくめた金額を払い込むことになるんだ。

●**輸入ユーザンス**
輸入代金の支払い繰り延べ方式のこと。このしくみを利用することで、輸入業者は支払いを一定期間猶予することができる。

●**為替レート**
ちがう国の通貨を交換するときの交換レートのこと。日本では、通常、ドル円レート、ドルを略して円レートとも呼ばれている。

良太　為替レートって、よくテレビのニュースの終わりに出てくる一ドルは何円というあれですね。

教授　うーん、まぁ、そんなところだ。この点についてはもうすこし補足したほうがいいんだが、それはあとまわしにして、いまは良君のいうようなことで、とりあえずはなしを進めることにしよう。

ジュリア　為替レートは毎日毎日変わるから、返済するときに急激な円安にでもなったら、石油会社はたいへんですね。円での支払額がバーンとふくらんじゃうから……。

教授　さすが、アメリカからやってきたジュリアだ。為替レートの変動には敏感だね。ジュリアにとってこれは日本での日々の生活体験だもんね。ところで、美香は、円安って意味知っているよね？

美香（ちょっと力をこめて）　知ってますよ、そのくらい……。円の値打ちがドルに対して安くなることです。たとえば、為替レートでいうと、一ドルが一一〇円だったのが一一一円になるような場合のことです。円高はその逆のことです。だから、ジュリアがいったこともわかりますよ。もし返すときに円高になったら、石油会社にとって楽勝ってことでしょ。

円高差益
円高が原因で生じる利益の増加のこと。差益とはいままでとくらべて利益が増えた分のこと。逆に、利益が減る場合や損失が拡大する場合は、その分を差損という。

教授　正解、正解。このくらいのこと美香にとって楽勝だったんだ。外国為替銀行や石油会社は、取り扱っている金額がものすごく大きいから、毎日毎日、命をちぢめる思いで外国為替相場と格闘しながら資金ぐりをしているんだよ。銀行や石油会社だけでなく、貿易商社や自動車などの製品を輸出しているメーカーも、そして外国の有名アーチストを日本に招く音楽エージェントも、多少とも輸出入貿易に関係がある会社なら例外なく、毎日の為替レートの変動に頭をいためているんだよ。日本の輸出企業の代表格であるトヨタ自動車なんか、一円円高になるだけで一〇〇億円もの利益が減ってしまうそうだ。

良太　へえー、たったの一円の円高で一〇〇億円も損しちゃうんですか。

美香　トヨタのセールス社員たちがいっしょうけんめい働いてかせいだ一〇〇億円が、為替レートが一円値上がりするだけで消えちゃうんですか。なんかかわいそう……。

教授　実際は、そうでもないんだがね。トヨタだって、為替変動にいつも受け身でさらされているんじゃないんだ。それなりの工夫をこらして損失が生じないように、積極的に、激しく動く為替変動に対処しているんだよ。ただ、こうした工夫のしかたはちょっとこみいっているので、その説明はあとまわしにしよう。

いずれにせよ、石油会社のように外国からモノを買うと、その支払いにドルが必要になるんだ。そのため銀行に頼んで日本円でドルという外国通貨を買ってもらうことになるんだね。

ジュリア　そのときの為替相場でですね？

教授　そう。良君、トヨタのように外国にモノを売ったときは、どうなるかな？

良太　外国からドルで支払ってもらったんだから、銀行に頼んでそのときの為替レートでそのドルで円を買ってもらえばいいと思います。

教授　そうだね。こうした貿易だけでなく、日本の企業などが海外に投資したときや海外の企業などが日本に投資したときも、つまり、国境を越えたあらゆる経済行為にはかならず通貨の売買をともなうことになるんだ。通常、この異なる通貨の売買のことを外国為替取引と呼んでいるんだ。そして、その売買を法律で許されている銀行が外国為替銀行というわけだよ。

美香　先生、国境を越えて投資するって、具体的にどういうことですか？

教授　そうだなぁ……ホンダがアメリカに工場をつくったり、ソニーがハリウッドの映画会社を買収したりすることなどが、それにあたるね。

美香　あっ、そうか、よく新聞などの記事にでてくるM&A（合併・買収）のこ

◎**M&A**
Mergers and Acquisitionsの頭文字。日本語で合併・買収という。経済のグローバル化は、国境を越えた企業のM&Aを推し進める。八〇年代後半では日本企業による海外企業の買収が多くみられた。ソニーによるコロンビア・ピクチャーズ買収、ブリヂストンによるファイアストーン・タイヤ・アンド・ラバー買収、住友商事によるクック・ケーブル・ビジョン買収などがある。しかし、最近は逆に、海外企業による日本企業買収などが多くみられるようになった。世界最大のノンバンクGEキャピタルによる消費者金融の大手レイク買収やフランスのルノーが四〇%近い日産株を取得し事実上日産をルノー・グループの傘下《さんか》に置いた。

となんですね。

ジュリア　アメリカのフォードが日本のマツダの株をたくさん買い占めたことなんかもそうですね。

教授　そう。日本の生命保険会社が保険料などで集めたおカネでアメリカの国債をじゃんじゃん買い込んでたこともこれにあたるね。こういうのを海外直接投資っていうんだよ。

良太　海外旅行にいくとき、銀行で持っている日本円を旅行先の国の通貨と交換して出かける人たちがいるそうですが、これなども外国為替取引ということになりますね。

教授　そう、一件あたりの金額は小さくても、外国為替取引にはちがいないね。海外旅行だけでなく、いまや、外国の通貨で預金したり、インターネットなどで直接海外からドル払いで商品を取り寄せたりと、個人レベルでも外国為替取引はぐっと身近な存在になったんだよ。

国際通貨制度の移り変わり

良太　先生、一つ疑問があるんですが、いってもいいですか?

教授　いいよ。

良太　これまでの先生のはなしで、為替レートが変動するといろいろ大変なんだということはわかったんですが、ここで一つ疑問が出たんです。もし為替レートがくるくる変わるのが大変だというなら、いっそのこと為替レートが日替わりで変わるようなことをやめたらいいんじゃないか、各国で為替レートを固定するように取り決めたらいいんじゃないかと思ったんです。

教授　そうか、いいとこに気づいたね。良君の疑問を解きほぐすには、世界の通貨制度の移り変わりについて振り返ってみる必要があるね。良君の意見は、各国で話し合って為替レートを変動しないように管理すればいいじゃないかということだね。じつはね、はじめはそうだったんだ。まだ第二次世界大戦が終わっていない一九四四年に、アメリカを中心とする連合国側は、もう勝利を確信したんだね、アメリカのニューハンプシャー州にあるブレトン・ウッズという小さな村に集まって、戦争後の世界の通貨制度をどうするかについて協議したんだよ。ここで取り決められた内容をブレトン・ウッズ協定といって、それは戦後の国際経済の行方《ゆくえ》を決めたといってもいいほど重要なものなんだ。

ブレトン・ウッズ
カナダとの国境に近いニューハンプシャー州の美しい山と森に囲まれた避暑地。白雪を冠するマウント・ワシントンの麓の森のなかにある「ヨーロッパの古城」的雰囲気のマウント・ワシントン・ホテルで国際通貨会議は開かれた。このホテルは現存しており、アメリカ東部の政財界などの著名人たちの絶好の避暑地となっている。

ジュリア　そこで取り決めたのが各国で為替レートを固定するということだったんですか？

教授　簡単にいってしまえば、そういうことだね。実際にこの協定がスタートしたのは翌四五年の一二月なんだが、アメリカのドルを中心に、各国の通貨とドルとのあいだの交換レートを固定したんだ。

美香　アメリカのドルを中心にということですが、それはどういうことですか？

教授　ドルを基軸通貨に位置づけるということだ。つまりだね、まず金一オンスが三五ドルという比率で金とドルの価値を固定し、各国通貨はドルをとおして金と兌換できることにしたんだよ。簡単にいえば、アメリカは各国から求められれば、金一オンス三五ドルで各国が持ってきたドルを金と交換することを約束したということだよ。

良太　そのとき各国の通貨が固定されたレートでドルと交換されるんですね。

教授　そういうことだよ。

美香　なんだ！　それじゃ、アメリカを世界の中央銀行にみたてた金本位制のことじゃないですか。

教授　そう、そういうことだね。だから、ブレトン・ウッズで取り決めた国際通

●**基軸通貨**
キー・カレンシー。世界の貿易決済でもっとも使われている通貨。戦前はアメリカ・ドルとイギリス・ポンドを指していたが、戦後はアメリカ・ドルを指す。

貨のしくみを金為替本位制というんだよ。

ジュリア　どうしてブレトン・ウッズでドルを基軸とした国際通貨のしくみが決められたんでしょうか？

教授　ヨーロッパは世界大戦の主戦場だっただろう、それで、ヨーロッパにあった金がどんどんアメリカに流れ込んできたんだ。ブレトン・ウッズに集まったころは終戦まぢかだったんで、ヨーロッパには金がほとんどなかったんだよ。金どころか、イギリスなどは戦費が足らなくてアメリカから一二〇億ドルにのぼる借金をしている状態だったんだ。だから、アメリカがダントツ優位のなかで会議が運ばれていったんだよ。それで、アメリカ中心の国際通貨のしくみが決められたんだね。国際交渉はパワー・ゲームといって、パワーのある国が主導権をにぎるからね。この会議もその例にもれないんだよ。

美香　このしくみに日本はどうかかわったんですか？

教授　日本は連合国に対し敵国だったからブレトン・ウッズには当然参加しなかったんだが、戦後の昭和二四年、まだアメリカの占領下にあったので、アメリカによって一ドル三六〇円というレートを決められたんだ。それから二二年間、このレートが固定されたままつづいたんだよ。その間に日本経済はめざましい発展

一ドル三六〇円の理由　その当時のアメリカの調査結果によると、日本経済の実力は一ドル三二〇円から三三〇円あたりが適当ということだったが、しかし、もう少し円安にしておくほうが日本経済が発展するうえで有利と判断し、一ドル三六〇円に固定することにしたというのが通説になっている。もっともこれには、その頃すでに東西冷戦がはじまっていたので、日本をアメリカ側の陣営に引き込むための思惑も絡んでいたという指摘もある。

をとげることになることはきみたちも知っているよね。

良太　先生のはなしで為替レートははじめ固定されていたんだということがわかりました。そのあと、いまのように秒ごとにレートが変動するしくみに変わったんですか？　また、どうして変わっちゃったんですか？

教授　そうだね、それに答えようとするなら、昭和四六年八月一六日の午前一〇時、予告なしに、アメリカから衛星で送られてきたニクソン大統領のテレビ演説まで時代を引き寄せなければならない。

美香　昭和四六年って、まだわたしたちが生まれてないころのことですね。ニクソン大統領はその演説で何をいったのですか？

教授　ひとことでいえば、「ドルと金との交換を停止する」ということだ。

ジュリア　それじゃ、ブレトン・ウッズで取り決めた約束を破棄するということじゃないですか。

教授　そうだよ。それも一方的にだ。この演説は、ラジオやテレビを通じて全世界に放送されたから、日本、ヨーロッパ、そしておそらくは世界中の国々で、なぜ？　って、おどろいたんだよ。

美香　ドルと金との交換をやめるっていうことは、ドルがただの紙きれになるということですよね。なぜアメリカはドルをただの紙きれにしてしまうようなことを世界中に宣言したんでしょうか？

教授　当時のアメリカの経済状態は、ブレトン・ウッズ会談のころとは一八〇度さかさまの状態にあったんだ。つまりだね、金がどんどん国外へ流出していたんだよ。

ジュリア　なぜ金が流出したんですか？

教授　一九五〇年代後半あたりから、アメリカは慢性的な貿易赤字に悩み、ドルはヨーロッパや日本へ大量に流出していったんだ。どろ沼化したベトナム戦争がそれにはくしゃをかけ、ドルをさらに流出させたんだ。大量のドルを手にしたヨーロッパ諸国は、みるみる値打ちの下がるドルを、ブレトン・ウッズ協定の約束どおり、一オンス三五ドルで金との交換を要求したんだよ。フランスなどは、手持ちのドルを金に換えるだけでなく、アメリカに預けていた金まで本国に持って帰ったんだよ。もっとも、日本はアメリカを気づかって、ドルを金に換えることをせず、ドルをそのまま持ちつづけたがね。

ジュリア　アメリカの金庫のなかにある金が心細くなったんですね。それで、ギブ・アップしたんですか？

教授　そうなんだ。ない袖はふれんとね……。このニクソンの演説は、ブレトン・ウッズ体制の崩壊を意味していたんだよ。ドルが金の保証を失ったからね。ニクソンは、アメリカみずからの手でつくりあげ、戦後の国際経済の基軸となったこの体制にみずからが「死の宣告」をしたことになるね。当時イギリスの新聞にこんな記事が出たんだ。

といって、パソコンのキーをたたくと、画面に短い文章が映し出された。

教授　ジュリア、ちょっと読んでみてくれないかな。

ジュリア　ハイ。読みます。「死者に冥福《めいふく》あれ。ブレトン・ウッズ事《こと》、かねてより病気療養中のところ、薬石《やくせき》の効《こう》なく、一九七一年八月一五日日曜日午後九時死去いたしました。ブレトンは、一九四四年ニューハンプシャーに生まれ、…（中略）…死去いたしましたのは、まだ二七回目の誕生日を数日すごしたばかりの若さでありました……」（『ファイナンシャル・タイムズ』八月二〇日号）

美香　金為替本位制の消滅ですね。

良太　このニクソン声明のあと、国際通貨のしくみはどうなったんですか？

教授　このあと、アメリカ、ヨーロッパ、そして日本などの一〇ヵ国は、ガタガタになった固定レートの調整を図るため、何回も会議を重ねることになるんだ。

●ニクソン・ショック　一九七一年八月一五日、当時のアメリカ大統領ニクソンは、衛星放送を通じて、アメリカのドル防衛を中心とする総合経済対策を発表した。このときのドル防衛の中身が、これまでドルの価値を金で保証してきたが、今後、その保証を打ち切る、つまり、これまでアメリカが戦後の国際通貨体制を維持するとした国際責任を放棄するというものであったので、それがもたらす余波は大きかった。これを称してニクソン・ショックと呼んだ。

美香　ガタガタになった固定レートの調整ってどういう意味ですか？

教授　ドルの値打ちが下がってしまい、逆にドイツのマルクや日本の円の値打ちが上がったわけだろう。ブレトン・ウッズ協定で取り決めた交換レートは実質意味をなさなくなったんじゃないかな。これを調整しなければ国際経済はうまく立ち行かなくなるんだよ。

ジュリア　結局、この調整はどうなるんですか？

教授　一九七一年一二月一七日、ジュリアも行ったことあるんじゃないかな、ワシントンの中心部にあるスミソニアン博物館で開かれた会議で、アメリカのドルを切り下げる、ドイツのマルクや日本の円を切り上げることで決着がついたんだ。

良太　結局、円はどうなったんですか？

教授　これまでの一ドル三六〇円を一六・九％切り上げて一ドル三〇八円にすることが決まったんだよ。ここで決まった内容をスミソニアン協定というんだ。だけど、この協定は長つづきしなかったね。

ジュリア　どうしてですか？

教授　この程度の切り上げでは、日本の貿易黒字は縮小しなかったからだ。

スミソニアン博物館　ワシントンの中心部、キャピトルヒルとリンカーン記念堂とを結ぶモールに位置する。この博物館は、イギリスの富豪スミソンが寄贈した五〇万ドルを基金にして一八五五年に建てられた国立の博物館である。国際通貨会議の会場になったのは、その本部建物で、ヨーロッパの城を思わせる赤茶色のこぢんまりとした建物である。

美香　で、どうなったんですか?

教授　アメリカは、再三もっと円を切り上げよとせまってくるんだが、日本は、もうレートを固定することは限界と判断し、為替レートを変動制にするんだよ。ときは一九七三年二月一四日のことだ。ほどなくヨーロッパも同じ行動に出たんだ。これで世界の為替レートは変動相場制のもとで決められていくようになったんだよ。

良太　それから政府が決める固定レートに代わって、外国為替市場でレートが決められるようになったんですね。だから、またもとにもどるわけにはいかないんだ。よくわかりました。それから、もう一つ質問があるんですが、いいですか?

教授　どんなことかな?

良太　さっき先生、「一六・九%切り上げて一ドル三〇八円に……」といわれたんですが、なぜ一ドル三〇八円になると一六・九%切り上がることになるんですか?

教授　一ドル三六〇円はドルレートになおすと一円は何ドルになるかな? 良君、この電卓でちょっと計算してごらん。

良太　ハイ。〇・〇〇二七七七ドルになります。

●国内通貨のドル化
国際競争力のない開発途上国で、自国通貨の価値が下がる一方でいつもそれに悩まされている国がある。こうした国のなかに、いっそのこと自国通貨をアメリカのドルにしてしまえばいいと考え、実際にそうしている国がある。中米のパナマがそれである。パナマにはバルボアという自前の通貨があるが、一ドル一バルモアと固定し、実際に国内で流通しているのはドルのみとなっている。これなら自前のバルモアの変動に悩まされることがなくなるというわけである。南米のアルゼンチンでも、一ドル一ペソと固定しており、自前の通貨ペソに代えてアメリカのドルのみを国内に流通させる考えを推し進めている。

教授　それじゃ、こんどは一ドル三〇八円の場合だと、一円は何ドルかな?

良太　〇・〇〇三二四六七ドルです。

教授　いま良君に計算してもらった二つの数字の差は、どんな意味をもつだろうか?

美香　ドルで円の値打ちがいくら上がったかを示しています。

教授　そうだよね。良君、この差をもとの〇・〇〇二七七七で割れば何%値打ちが上がったかがわかるんじゃないかな。

良太　あっ、そうか。割ったら、〇・一六八八四となりました。それで、先生は四捨五入して一六・九%切り上げてといわれたんですね。納得。

教授　そういうことだよ。別のいい方をすれば、ドルレートで何%円高・ドル安にするかということなんだ。

ジュリア　切り上げとか切り下げとかいうのは、市場が決めるのではなく、国どうしがはなし合って決めるんですね。その場合に使われる表現なんですね。

教授　そうだよ。だから、変動相場制になった通貨の場合、もうこういった表現は使われてないんだ。でも、まだ固定相場制になっている途上国の通貨では、やはりこの表現が使われているんだよ。その場合、切り上げ率や切り下げ率はドルレートでの率になっているんだ。これはおぼえておくといいよ。

市場への介入

美香　変動相場制になってからは、国は為替レートの動きに対していっさい操作するようなことはなくなったんでしょうか？　市場で為替レートが思わぬ方向へ動いたら国として困ることになるケースも出てくると思うんですが。

良太　美香、どうして困ることになるのかな？

美香　そうね、たとえば、どんどん円高になったとするわよ。輸出が看板の日本としては円高が急速に進むことはちょっと困るんじゃない、そう思うけど……。

教授　そうだね。美香がいったように、円高や円安があまりにも早く進むのを防止したり、国にとって望ましい水準まで為替レートを誘導したりするために、国がみずから外国為替市場で通貨の売買をすることがあるんだよ。もっともこの場合、国といっても日本銀行になるがね。これを介入、日銀介入というんだ。

美香　それでときどき新聞などで、日銀為替市場へ介入といった見出しがでるんですね。

ジュリア　介入って、どういうふうにするんですか？

教授　たとえば、国としては円高へもっていきたいときには、日銀が市場でドルを売って円を買うんだよ。そしたら円の値段があがるだろう。

良太　円安へもっていきたければ、円を売ってドルを買えばいいんだ。介入ってそんなにむずかしいことじゃないんですね。

教授　それがかならずしも簡単とはいえないんだよ。たとえば日銀のケースでいえば、日銀が一日の介入に使うマネーの量はせいぜい数十億ドル程度といわれており、これは世界の外国為替市場で一日に取引される金額の一％にも満たないすずめの涙ほどの金額なんだ。よほどタイミングが合わないと、うまく思う方向に為替レートをもっていくことができないんだよ。

美香　介入はあまり効果的なやり方じゃないということですか？

教授　うまくいくケースもあれば、失敗するケースもあるとしかいえないな。ただ、国どうしがはなし合って介入するなら、かなりパワーアップしてうまくいくことが多いようだね。その一つの例が八五年のプラザ合意なんだ。

良太　プラザ合意って何ですか？

教授　八〇年代前半、大幅な財政赤字のもとで為替レートがドル高の傾向にあったアメリカは、貿易収支の赤字が増えつづけ、とうとう八五年には世界大戦以来はじめての借金国になったんだ。これは世界経済にとっても危機的状態というわけで、八五年の九月二二日に先進五ヵ国、アメリカ、イギリス、旧西ドイツ、フランス、そして日本の大蔵大臣と中央銀行総裁がニューヨークのプラザ・ホテルに集まって秘密会議を開いたんだ。

ジュリア　ドル高の動きを防止するための会議だったんですね。

教授　そういうことだ。そこで決まった内容はいろいろあったが、高すぎるドル、安すぎる円、これを円高・ドル安の方向へ調整するために各国がただちに為替市場へ介入することを決めたんだよ。ここで決めた内容をプラザ合意というんだ。

良太　プラザで会議が開かれてるとき、円レートはどのくらいだったんですか？

教授　そのときは一ドル二四〇円だったね。それが、この不意をついた介入により、翌二三日の各国市場ではドルが全面安になり、その後はいっきに円レートは一ドル二〇〇円を突破したんだ。

美香　それからなんですね。円高へどんどん進んで、いまでは一ドル一〇〇円くらいまで円高になったのは……。これは各国が協調して介入すれば思う方向にう

●**プラザ・ホテル**
創業一九〇七年、ニューヨークのセントラル・パークに面しているアメリカ最高級の老《し》舗《にせ》ホテル。ヒチコック映画の秀作『北北西に進路を取れ』、R・レッドフォード主演の名作『追憶』、メガ・ヒット映画『ホーム・アローン』、ニコラス・ゲージ主演の『あなたに降る夢を』など、ハリウッド映画のシーンにもよく登場する。

まくもっていくことができたという代表的なケースなんですね。

教授　そういうことだよ。ただ、いずれにせよ、変動相場制というのは、市場での自由な通貨売買がレートを決めるというのが基本であり、国の介入は日常的なものではなく、例外的なものだということはしっかりおぼえておくといいよ。

ディーリング・ルームをのぞいてみよう

美香　だんだんわかってきたみたいです。変動相場制になって、外国為替銀行での通貨の売買をとおして、さっき勉強した銀行のコンピュータのなかにある数字というマネーが国境を越えて出たり、入ったりするようになるんですね。先生がなぜマネーのはなしからはじめたのか、いまやっとわかりました。納得です。

教授　そうか、結構、結構。わかってもらえてうれしいね。外国為替銀行にはかならずディーリング・ルームという密室があって、そこではディーラーと呼ばれる人たちが二四時間ぶっとおしで通貨の売買をしているんだよ。もっともいまでは、こういった銀行だけでなく、投資会社と呼ばれるところでも、コンピュータの端末をつうじて通貨の売買をしているんだが、この投資会社のことはおいおいはなするとして、まずはこの銀行のディーリング・ルームをちょっとのぞいてみようと思うんだ。アメリカではトレーディング・ルームといっているがね。外国為替市場とは、こうした銀行などのディーリング・ルームが、電話やコンピュータなどの通信回線でつながりあっている、いわばネットワークのことなんだよ。

良太　じゃ、株式の取引をする証券取引所のように、そこへ行けばみることができるというものじゃないんですね？

教授　そのとおりだよ。もっともいまや株式の取引も、かつてのようにたくさんの人たちが指を折ったり握ったり、身振り手振りで売り買いするあの立会場のようなものはなく、コンピュータ・ネットワークのなかで行われているがね。

こういいながら教授は、手もとのパソコンのキーボードをたたくと、画面上になにやら部屋の見取り図のようなものが映し出された。

教授　この図は、ある外国為替銀行のディーリング・ルームを上からみて、その見取り図のようなものを描いたものなんだ。ルームのまん中あたりにいる人たちは、ほかの銀行のディーリング・ルームなどとドルの売り買いをしているディーラーで、よくインターバンク・ディーラーと呼ばれている。こうしたディーラーを指揮する立場にある者をチーフディーラーという。このチーフディーラーが一瞬一瞬のドルのビットとオファーを決め、部下のディーラーにその建値《たてね》で売り買いするよう指示しているんだ。つぎに、このグループを馬蹄形《ばていけい》に取り囲んでいる人たちがいるが、この人たちは、カストマー・ディーラーと呼ばれ、中央のインターバンク・ディーラーとやりとりしながら、お客さま（顧客）の売れとか買えとかといった注文に応じているんだ。

美香　先生、このお客さまというのは、さっきのはなしにもあった石油会社のようなものですね？

教授　そうだよ。この場合の顧客は大手の商社やメーカーから中小の企業までいろいろだといわれているね。

美香　それから、いま、先生はビットとかオファーとかおっしゃったんですが、何のことですか？

教授　あっ、そうか、ついつい業界用語を使っちゃったね。ビットというのは買い値のことなんだ。それから、オファー

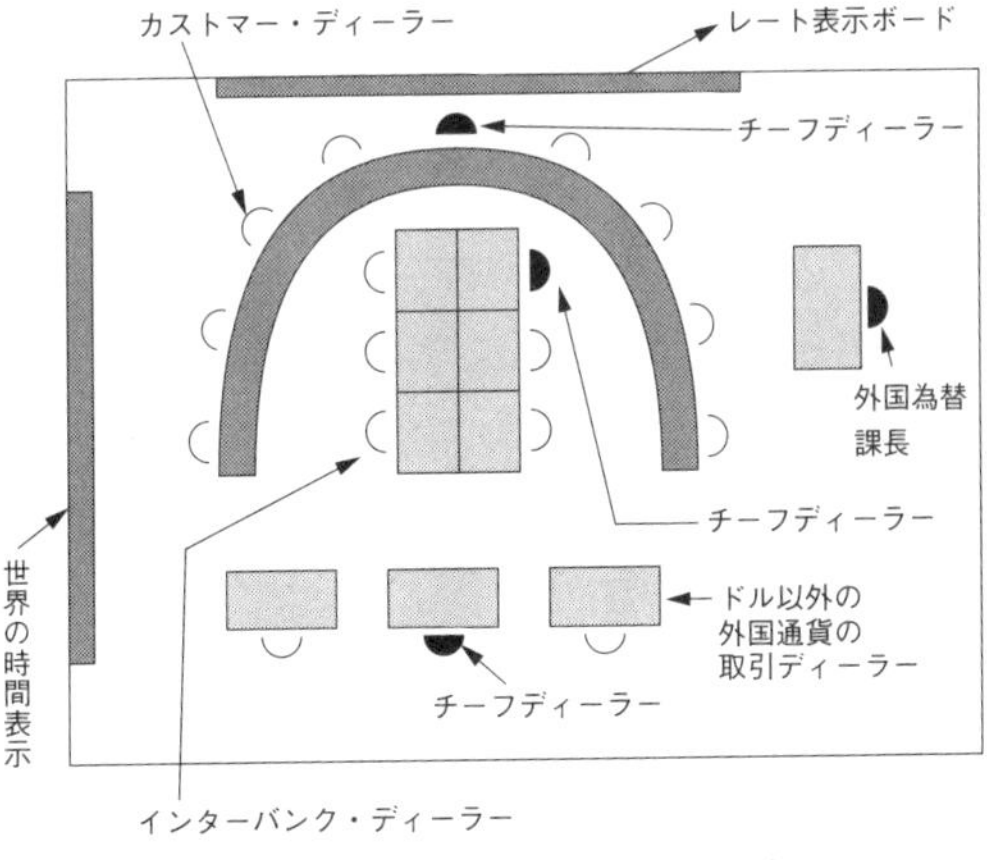

ある銀行のディーリング・ルーム

というのは売り値のことなんだ。通常、チーフは、ビット—オファー、具体的に数字でいえば、一一〇円五〇銭—六〇銭、実際はもっと縮めて、五〇—六〇と部下のディーラーに伝えて、この買い値と売り値で買えとか売れとか指示するんだ。

良太　それじゃ、建値ということばは当方の買い値とか売り値のことですね？

教授　その通りだよ。

ジュリア　先生のはなしですと、外国為替市場といっても二つあって、だから、少なくとも為替レートも二つあることになりそうなんですが……、それでいいんでしょうか？

教授　その通りだよ。前のをインターバンク市場、あとのほうを対顧客市場と呼んでいるんだ。さっき良君が取り上げた為替レート、つまり、よくテレビのニュースなどでいわれているのは、このインターバンク市場で取り決められたものなんだ。ここで決められたレートに銀行の手数料を加えたものが、対顧客市場で使われている為替レートなんだよ。石油会社が円をドルに交換するときに適用されるのはこのあとのほうの為替レートということなんだ。

美香　あっ、そうか。それでさっき良の質問に、先生は「まぁ、そんなところ

●**銀行間相場と対顧客相場**
銀行がドルを売るときの顧客レートをＴＴＳ（Telegraphic Transfer Selling Rate）、顧客からドルを買うときのレートをＴＴＢ（Telegraphic Transfer Buying Rate）という。銀行は、その日の午前一〇時の銀行間相場をその日の対顧客相場の仲値に置く。たとえば、午前一〇時の銀行間相場が一ドル一一〇八円とする。この日一日のＴＴＳは一ドル一一〇九円と一円高いレートをつける。ＴＴＢは一ドル一一〇七円と一円安いレートをつける。ＴＴＳとＴＴＢとの差額二円が銀行の手数料である。

だ」とおっしゃったんですね。

教授　そういうこと。このように為替レートには卸し値にあたるインターバンク・レートと小売り値にあたる対顧客レートがあるんだよ。ただ、為替レートという場合は、前のインターバンク・レートのことを指しているんだ。

ジュリア　だから、新聞やテレビでそのレートが報じられているんですね。先生、はなしがちょっと変わっちゃうかもしれないんですが、質問を一つしてもいいですか？

教授　いいよ。一つでも二つでも…… どんなことかな？

ジュリア　為替レートが急激に変動したことを報じるテレビの画面で、よく円卓のまわりでなにかやりとりしている映像が映し出され、その右上に「上田ハーロー」という文字が書いてあるんですが、この「上田ハーロー」って何のことですか？

教授　それはね……

といいながら、パソコンのキーボードをたたくと、画面上に、いまジュリアがいったような映像が出てきた。

教授　ジュリア、これだね。この「上田ハーロー」というのは、例のインターバンク市場でブローカーと呼ばれている仲介業者のことなんだよ。もっともいまは「トウフォレ上田」という名前で表示されているんじゃないかな。というのは、これまではこの「上田ハーロー」のほかに「トウキョウフォレックス」というブローカー会社があったんだが、最近合併して「トウキョウフォレックス上田ハーロー」という長い名前になったんだ。テレビの画面ではこれを略して「トウフォレ上田」と表示しているんだよ。でも、よく知られているのは、やっぱり「上田ハーロー」という名前だよね。この写真はそのディーリング・ルームなんだ。

美香　何を仲介するんですか?

教授　もちろん通貨の売買だよ。ブローカーの顧客はインターバンク市場に取引参加している銀行のことだ。参加している銀行はなにも国内だけでなく、海外の銀行も参加しているので、その数も多いん

出所）学習院大学経済学部編『経済・経営を楽しむ35のストーリー』東洋経済新報社　118ページ

上田ハーロー（現トウフォレ上田）のディーリング・ルーム

だ。そこで上田ハーローのようなブローカーのサービスを利用することで、数多くの銀行のなかから、取引条件によりはまった相手をすみやかにみつけることができることになるんだ。

ジュリア　あの「上田ハーロー」っていうのは、あっ、いまは「トウフォレ上田」ですか、これは銀行の通貨取引を仲介するブローカーの社名だったんですね。先生、たくさんの通貨を売買したい相手にひとつひとつテレフォンして条件にあった相手を探すのは、けっこう手間もかかるし、能率もわるくなるので、ブローカーのサービスを利用すればそれが改善されるんだ、ということはなんとなくわかるんですが、もうすこしイメージが具体的に出てきません。

教授　そうか。じゃ、こういったら、どうかな。ブローカーは顧客と専用回線で二四時間つなげられた電話を使い、顧客である銀行のインターバンク・ディーラーにリアルタイムの「もっとも高い買い注文」と「もっとも安い売り注文」のレート（ビット—オファー）を伝えつづけるんだ。これがブローカーのサービスなんだよ。

ジュリア　あっ、そうか。わかりました。売りたい銀行は、条件さえ合えば、リアルタイムで「もっとも高い買い値」（ビット）で売ることができるし、買いたい銀行は、「もっとも安い売り値」（オファー）で買うことができるんですね。

教授　わかったかな。でもね、為替レートは動きがはげしく、ほんの数秒でレートが変わってしまうんだよ。銀行は巨額な資金を取引するため、わずかなレートの変動が大きく損益を変化させてしまうんだ。たとえば、普通に取引される一〇本を持ち高とした後、レートが一〇銭動いただけでも、なんせ一本が一〇〇万ドルの金額なんだから、一〇本だと一〇〇万円の損益が生じてしまうことになるんだよ。一〇銭程度の変動はほんの数秒で起きちゃうから、相場が荒れレートの動きがはげしくなると、ディーリング・ルームのなかは怒号や絶叫が飛び交う、臨場感あふれる状況になるんだよ。そこで相場がはげしく動くと、こういったブローカーのディーリング・ルームは「絵」になるので、テレビ局などがカメラをかついで取材にいくんだ。

美香　先生、持ち高ってなんですか。

教授　あっ、そうか、またうっかり業界用語を使っちゃったね。持ち高というのはね、英語ではポジションという語に関連があるんだが、日常使っていることばでいえば、状態ということかな。ある銀行が二〇本買い、一〇本売ったなら、この銀行は一〇本買い越しの状態にあるね。これを一〇本の買い持ちになっている、業界ではこの買い持ちのことをロングというんだ。だから、ポジションは一〇本、つまり一〇〇〇万ドルのロングだと表現するんだよ。

良太　売り越しの状態はなんというんですか？

教授　ショートというんだ。ポジションは一〇〇〇万ドルのショートといえば、それはさっきの逆の状態のことをいっているんだね。

良太　あっ、そうか。持ち高というのは、いま何ドルロングかショートかということなんだ。美香、こういうことなんだよ。

美香　うん、わかった。

教授　わかったようだね。

ジュリア　先生のおはなしでブローカーの存在する意味というんですか、それはわかったんですが、よく指摘されているようにめざましく情報技術が発達したいま、いまだにこうしたブローカーの仲介に頼らなければならないなんてなんか遅れているような気がするんですが……。

教授　いいとこに気がついたね。じつはいま、このブローカーの仲介による為替取引は非常に減ってきており、その売買高は全体のわずかのパーセンテージ、そうだな、三割もないね、そのくらいしか占めなくなっているんだよ。いまでは、イギリスのロイター通信社のような金融情報メディアが開発したコンピュータ・ディーリング・システムの金融情報端末を通して、銀行どうしが直接に通貨の売買をしているほうがはるかに多いんだよ。こうした為替取引を直取引《じき》というんだ。この金融情報端末にはロイターなどの金融情報メディアから送られてくるニュースや投資情報が二四時間、リアルタイムで流れてくるだけでなく、専用回線ではりめぐらされたその端末を使って、銀行どうしで二四時間、リアルタイムで通貨売買が行われているんだ。だから、ジュリアが疑問に思ったこととはちがって、二〇世紀最後の技術革新ともいわれる情報技術を他のどの市場よりも積極的に導入したのは、じつは金融市場だともいわれているんだよ。

ジュリア　ブローカー仲介による取引、まだ完全になくなったわけじゃないんですね。なにかそれには理由があるんですか?

教授　そうだなぁ、ブローカー経由の取引だと、銀行はブローカーに建値をする義務がないので、銀行はそのときのポジションに都合がよいように買ったり売ったりすることができるんだ。それにくらべ、直取引の場合は、かならず相手の銀行に建値、ビットとオファーだね、それを告げなければならない。だから、場合によっては、いまのポジションでは売りたくないいんだが、相手がそのオファーで

ロイター通信社
イギリスの通信社。金融情報メディアのトップを走る世界的企業。もともとはニュース報道が専門の通信社であったが、いまでは自らが開発した金融情報端末を介して提供する金融データサービスや為替のディーリングシステムからあがる収入で利益のほとんどを稼いでいる。銀行のディーラーなど金融のプロたちは、この金融情報端末を活用して通貨などの売買をしている。

買うといえば売らざるをえないんだよ。ポジションがわるくなるよね。ブローカーを使えば、この心配がないよね。これも理由のひとつだといわれているね。ただ、ブローカーを使えば、手数料を払わなければならないから、コストがけっこうかかるんだ。金融情報端末を使った直取引だと、コストはダントツに安い。この費用の差もあって、ブローカー経由の取引が少なくなったともいわれているんだよ。

美香　テレビでときどき映し出されるディーリング・ルームをみるんですが、そこには女性のすがたがあまりみられないんですよね。女性がディーラーの仕事に向かないからなんでしょうか?

教授　うーん、それはなんともいえないなぁ。最近では、ディーリング・ルームで女性が働いているのをみることもめずらしくなくなったといわれているんだよ。とくに、外資系の銀行などでは、ディーリング・ルームで働く半数が女性になっているところもあるくらいなんだ。ただ、いまのところ、働いているほとんどの女性ディーラーはカストマー・ディーラーだそうで、はげしい値動きにさらされるインターバンク取引の世界にはほとんどいないそうだ。それで、テレビの画面なんかに女性があまり映らないんじゃないかな。このインターバンク取引の世界は、独特の世界で、はげしい値動きについていけるだけのタフな神経と積極果敢な行動力が要求されるんだ。これがこの世界で働く女性ディーラーをなかなか育てることができなかった理由とも指摘されている。だからといって、これからもそうだという根拠にならないよね。いまいった資質を備えた女性がどんどんこの世界に興味を示し、彼女たちがすぐれた指導者にめぐり合えば、やがてこの世界でも、バリバリ活躍する女性ディーラーが現われると期待できるんじゃないかなぁ。

ジュリア　そうなってほしいですね。ねぇ、美香。

美香　ホント、わたしもそう思うわ。こういう世界にも女性がどんどん進出するようになったら、ほんとうにすばらしいよね。

教授　じつは、このディーリング・ルームのなかでのやりとり、きみたちもきっと知らないだろうと思って、そのやりとりをリアルに再現したらおもしろいんじゃないかと考え、そのシナリオみたいなものをつくってみたんだ。そのシナリオをみてもらいたいんだが、どうかな？

　といいながら、講話のはじめに手渡したプリントをめくり、

教授　プリントの五頁を開いてくれるかな。美香、そこの『ドキュメント　ザ・

●『小説ヘッジファンド』元ディーラーだった幸田真音著のこの小説には、ディーリング・ルームでのやりとりがふんだんに登場する（講談社文庫）。

ディーリング・ルーム』と見出しがついているところを声を出して読んでみてくれないかな。

美香　ハイ、わかりました。

と返事をし、美香は大きな声で読みだした。

美香　『ドキュメント　ザ・ディーリング・ルーム』

舞台はあるアメリカ系外国為替銀行のシンガポール支店のディーリング・ルーム。登場人物はチーフディーラー、ディーラーA、B、Cの四人。ときは二〇〇〇年のある日、シンガポール市場が開いて間もないころ。

チーフ「さぁ、いいか、今日はボスから五〇〇〇万ドルの特別枠をもらった。基本戦略は売りだ。A、東京支店はどういってる?」

A「一〇八円三〇銭—四〇銭です」

チーフ「よし、東京支店に五〇〇万ドル売れ!」

A「はい」

チーフ「ブローカーの相場も当たるんだ」

B「S&M社は四〇—五〇です」

チーフ「買いは全部やってしまえ、量はどれだけだ?」

B「五〇〇万ドルです。S&M社経由〇〇銀行に売れました。四〇銭です」

C「△△銀行香港からうちの相場を求めてきました」
チーフ「三五―四五でいこう」
C「四五で一〇〇〇万ドル買いたいといっています」
チーフ「なに、買いたいだと……ドルは強含みかな？　ウーン、やっぱり強気でいこう、売ってやれ、ほしいだけ売ってやれ！」
C「△△銀行香港、一〇〇〇万ドル四五で売れました」
B「××銀行東京もうちの相場をほしがっています」
チーフ「同じだ。三五―四五といえ。A、念のためだ、うちの東京支店にそっちの相場を聞いておけ」
B「××銀行東京が七〇〇万ドルを売ってきました。三五です」
A「東京は四〇―五〇だそうです」
チーフ「よしっ、××銀行ダン。七〇〇万ドル買おう。A、うちの東京に一〇〇〇万ドル売るんだ。いけ！」
A「わかりました」
B「相場が落ちたぞ、二〇―三〇になった」
A「〇×銀行東京が値をいってきました。一五―二五です」
C「△×銀行シンガポールは一〇―二〇といってきました」
チーフ「よしっ、チャンスだ！　〇×、△×に一〇〇〇万ドルずつ売りつけろ！」
B「完全にうちのペースだ。ドルが落ちだした」

A「うちの東京もいま○○——一○といってきたぞ！」
チーフ「そろそろ探りを入れてみるか。シンガポールで一○八円ちょうどの買いを出してみろ」
B「××○銀行が売ってきた。一○八円ちょうどで一○○○万ドルです」
チーフ「買ってやれ。これでマーケットはしばらくドル安方向に動くことまちがいなしだ。うちの思惑どうりになった。これからは一気に売りだ。いいな、わかったな！」

先生、文章はここで終わっていますが……。

教授　そこまででいいよ。ありがとう。読んでみてどうかな？　むずかしいかな？

ジュリア　これまでの先生のおはなしを聞いてきたせいか、ふしぎなくらい違和感がありませんでした。ただ、わかったのは表面だけで、ディーラーたちのことばの奥にもっとなにかが、たとえば心理的な要素など、まだまだ気づかないものがいっぱいあるんじゃないかとも思っています。たとえば、チーフが、思わず「なに、買いたいだと…… ドルは強含みかな？ ……」といったところがありますね、このときのチーフの心理はきっと複雑だった思うんですが、やはりそうなんでしょうか？

教授　なかなか含蓄のある質問だね。このとき、チーフはおそらく身の凍る瞬間だったと思うね。三〇銭からはじまった取引が四〇銭、四五銭とはじめは、チーフの読みとはちがってドル高に推移しているだろう。オファーを上げてみたら、買いがはいる、読みがちがったかなと一瞬まよいが起きる、方針転換しようかとね。だけどかれは踏みこたえて「売ってしまえ……」と強気に方針をかえないんだ。ここは、チーフ・ディーラーがもつべき本領を発揮させたセリフを意識してつくった個所なんだよ。

美香　先生、最初に、「今日はボスから五〇〇〇万ドルの特別枠をもらった」というチーフのセリフがありますね、これってドル売りのための資金を五〇〇〇万ドル用意してくれたという意味ですか？

教授　いや、ちがうんだ。ここで特別枠というのはね、売買のあとの帳尻が、ロングもしくはショートのどちらかに傾いてもよいという限度額のことなんだ。つまり、この日一日売買をくり返して最後に五〇〇〇万ドルだけショートしてもよいということなんだ。

良太　チーフが「××銀行ダン」というセリフがあるんですが、このダンというのは、どういう意味ですか？

教授　これは業界用語で、取引成立ということなんだ。逆の取引不成立、破談のことをナッシングというんだよ。

美香　このなかで、自分とこの東京支店にドル売りするところがあるんですが、おなじ支店どうしなのに、なぜこんな売り買いをするんですか？

教授　なるほど、もっともな疑問だよね。うーん、そうだなぁ、こういうふうに答えようか。さっきもいったことだが、この日のチーフの読みは市場全体の流れをドルが売られ、ドル安になるということだったね。そこで、はじめのミーティングで、部下にこの日の基本戦略はドル売り円買いだと申しわたしたんだよね。ドルを売って市場のドル安に加勢することで、よりドル安に導く、すると、逆に、買った円はどんどん値上がりするよね。十分値上がりしたところで、こんどは買いためた円を売り払い、安くなったドルを買い戻せば、差益が手に入ることになるね。これがこの日のチーフの狙いなんだ。美香、いまいったこと、わかるよね？

美香　わかります。

教授　それなら、どうだろうか、ベテランのチーフのことだから、東京支店が持っている円資金はそれほど多くないはずだ、だから、買い取った五〇〇〇万ドルを長時間かかえ込むことなく、つまりすぐマーケットに売るはずだ、と読んだとしてもおかしくないんじゃないかな。チーフにとって、ドル売り方向であれば、相手がだれであれ、いいんだよ。売りがさらに売りをさそい込むんならね……。その相手に東京支店を選んだんじゃないかなぁ。かれはもう一度この手を使っているね。××銀行東京から七〇〇万ドル買い取ったが、部下のAにすぐ東京支店に一〇〇〇万ドル売りつける指示を出しているだろう。チーフはなんとかして市場をドル安の方向にもち込みたいんだなぁ。そこで即座にこの七〇〇万ドルを東京市場に戻すために東京支店に買い取らせるんだ。こうしてさらにドル売りを誘おうとしているんだよ。

美香　××銀行東京がシンガポールで七〇〇万ドル売ったことはもう市場でわかっているから、おなじ七〇〇万ドルを二回も三回も市場にインパクトを与えるように仕向けるんですね。先生の解説がなければ、こんなことぜったいにわかんないなぁ。

ジュリア　わぁ、すごい。あの短いセリフのなかにこんな意味が込められているなんて……。

良太　チーフって、一瞬の間にこんな読みができるんですね。すごいな。

教授　ちょっとこれをみてごらん。

といって、パソコンのキーをたたくと、表がひとつ画面に出てきた。

教授　これはこれまでの取引を一覧表にしたものなんだ。ドル値が下がって、ついに一〇八円ちょうどになった時点でみると、三三〇〇万ドルショートになっているることがわかるよね。円でみると、三五億七六〇五万円買いためたことになる。さて、ここで、値上がりした円を売り、値下がりしたドルを買いもどせば、いくらの差益がはいるだろうか? ちょっと計算してみよう。

といって、教授は電卓でパチパチ計算をしはじめた。計算が終わると、にっこり笑いながら、

教授　結果は、一二〇五万円のもうけだ。

良太　すごい。でもどう計算してそうなったんですか?

レート	ドル		円	
	買ったドル	売ったドル	買った円	売った円
108円30銭		500万ドル	5億4150万円	
40		500万ドル	5億4200万円	
45		1000万ドル	10億8450万円	
35	700万ドル			7億5845万円
40		1000万ドル	10億8400万円	
15		1000万ドル	10億8150万円	
10		1000万ドル	10億8100万円	
00	1000万ドル			10億8000万円
	1700万ドル	5000万ドル	54億1450万円	18億3845万円
	売り越したドル：3300万ドル		買い越した円：35億7605万円	

あるディーリング・ルームでの戦いの一コマ：チーフディーラーの思惑通り，相場はドル安に展開し，この通貨取引で1205万円の利益をあげた。

教授　そうだね。じゃ、もう一度計算してみよう。さっき「値上がりした円を売り、値下がりしたドルを買いもどせば、……」といっただろう。このいったとおりに計算すればいいんだ。つまりだね、この場合だと、買いためた三五億七六〇五万円を下がったレート一〇八円で売ることになるね。良君、いくらドルを買いもどしたことになるかな？　わかったなら、この電卓でちょっと計算してごらん。

良太　それならわかります。えーと、三五億七六〇五万円を一〇八円で割ればいいんだから、三三一一万一五七四ドル買いもどしたことになります。

教授　そうなるね。三三〇〇万ドルのコストをかけて買いためた日本円で安くなったドルを三三一一万一五七四ドル買いもどしたことになるんだから、結果は、その差一一万一五七四ドル得したことになるんじゃないかな。

良太　あっ、そうか。先生、わかりました。この一一万一五七四ドルを為替レート一〇八円で日本円に直せばいいんだ。先生、ちょっと電卓借ります。掛ければいいんだから、えーと、出た出た、一二〇四万九九九二円、なるほど、四捨五入すれば、たしかに一二〇五万円になります。

美香　なにがなるほどよ。良、こんな計算わかんなかったの？

良太　美香は高校時代から理数系にも強かったけど、オレって、数字に弱いから……。

教授　美香、早くわかろうと遅くわかろうと、どっちでもいいんじゃないかな。わかろうとがんばる姿勢こそ大事なことだよ。すばらしいことだと思うよ。

美香　ハイ。そう思います。良、ごめんね。

教授　この差益は、別のやり方でも計算できるんだよ。まず一ドルあたりの売りの平均を計算するんだ。これは買いためた三五億七六〇五万円を三三〇〇万ドルで割ればいい。計算結果は、一〇八円三六・五一五銭になる。つぎに、ドルの下げ幅の平均を計算してみる。これは、この一〇八円三六・五一五銭から値下がりしたドルレート一〇八円を差し引けばよい。それは三六・五一五銭になる。ドルの平均下げ幅が三六・五一五銭であるということは、売り越したドルが三三〇〇万ドルあるんだから、この金額に〇・三六五一五を掛けた金額が差益ということになるね。計算してみれば、おなじ金額になるはずだ。

美香　先生、このシナリオでは八回ほど取引が行われていますが、普通、このくらいの取引回数で何時間くらいかかるんですか？

教授　そんなにかからないよ。そうだなぁ、一五分かそこらじゃないかな。

良太　えっ、一五分くらいですか。それで一二〇〇万円のもうけなんて、考えられないなぁ。

教授　いつもこういうようになればいいんだが、そうばかりとはいえないんだ。反対に、市場を読みそこなって、大損することだってままあるんだよ。

ジュリア　市場を読みそこなうと大変なんですね。先生、さっきのシナリオでは東京とシンガポールの外国為替市場が登場してたんですが、このように為替取引って、いろいろな国の市場にまたがって取引が行われるんですか？

教授　そうなんだ。東京だけでなく、ニューヨークやロンドンなどいろいろな国で外国為替市場が開かれているんだ。ただ、時差の関係で、東京が開かれているとき、ニューヨークなどは真夜中なんで開かれていないよね。こういうときは、またがって取引するわけにはいかないがね。

美香　そうか、順々に開かれていくんですね。東京の場合だと、どんな国の市場とまたがって開かれてるんですか？

教授　そうだね、オーストラリアのシドニーなどは東京より一時間ほど早く開かれるね。それから東京、一時間ほど遅れて香港、シンガポールとつづく、まぁ、このあたりが東京市場とかなりまたがって開かれているんだよ。それから、東京の取引が終わるころパリやフランクフルトなどのヨーロッパ大陸やロンドンなど

●シンガポール
マレー半島最南端の小さな島国。特筆すべき産業はないが、ヨーロッパ大陸とアメリカ大陸のほぼ中間にあって、時差の上で恵まれた位置にある。自らの営業時間を少し広げれば、世界中の昼間帯と少しずつ重なり合う利点を生かして国際金融立国をめざした。世界中の大手銀行などの金融機関がこの国の金融街に軒を並べており、世界有数の外国為替市場となっている。

の市場が開かれ、そして、日付が変わるちょっと前、ニューヨーク市場が開かれるんだ。日付が変わってニューヨークの取引が終わるころまたシドニーに戻ってくるんだよ。世界各国の外国為替市場は地球を一回りするかたちで順々に開かれているんだ。だから、外国為替を取引したい銀行や企業は、二四時間、そのとき開かれている市場なら、どこでも取引できるわけなんだ。

美香　日本の東京外国為替市場は世界の市場のなかで何番目くらいの大きさの市場なんですか？

教授　一日あたりの取引額でいうと、最近では、東京はおよそ一五〇〇億ドルで、第三位だね。第一位がロンドン、第二位がニューヨーク、この二つの市場の取引額がダントツに大きいんだよ。ロンドンで東京の四倍、ニューヨークで東京の二倍くらいだ。そして、シンガポールが第四位だ。取引額は東京とほとんど変わらないね。また、世界全体での一日あたりの取引額はおよそ一兆五〇〇〇億ドルだ。一ドルを一〇八円として計算しても、一六二兆円だから、すさまじい数字のマネーが銀行のコンピュータ・ネットワークを通して地球を駆けめぐっていることがわかるだろう。

ジュリア　ほんとうですね。びっくりです。

◎ロンドン市場の特徴
日本の銀行がドル資金を借りたいと思ったとき、アメリカの銀行から借りず、ロンドンなどヨーロッパ圏の銀行から借りることがある。この種の取引をユーロ取引という。このユーロ取引が行われる国際金融市場をユーロ市場という。ロンドン市場は圧倒的にユーロ取引が多く、ロンドンにありながら、そこで取引されている通貨はポンドよりも外国通貨が多い。これがロンドン市場での通貨取引額をもっとも多くしている理由。

教授　国際間でのモノやサービスの売買、つまり貿易のことだが、これに使われるマネーの量は、世界全体で一日あたり二兆円弱といわれているから、外国為替市場では、世界の貿易金額の何十倍もの通貨の売買が行われている勘定になるんだよ。これを知ると、またまたびっくりじゃないかな。

美香　ホント、びっくりです。先生、なんのためにこんなにも巨額な通貨取引が行われているんですか?

教授　その謎をさぐるのがこれから三日間にわたってのマネー経済探検の狙いなんだよ。でもその前に、ちょっと寄り道したいところがあるんだ。寄り道先の一つは外貨預金なんだが、これはこれからはなそうと思う。もう一つの寄り道先は株式市場だ。これは明日に残して置こうと思う。いいかな。

といって、冷めかかったコーヒーをいっきに飲み干した。

外貨預金って何?

教授　外貨預金ということば聞いたことあるかな?

美香　ええ、新聞なんかでもときどき載ってますから……。ドルで預金するものでしょ。

教授　そうだね。きっちりいうと、外貨預金とは、円をドルやユーロといった外国の通貨に替えて預金する外貨建て預金のことなんだ。もっとも圧倒的に多いのは美香のいうドル建て預金だがね。二年ほど前、外国為替管理法が改正されて、この外貨建て預金は日本の銀行でも扱えるようになったんだよ。

ジュリア　なかなかの人気だそうですね。人気の原因は日本の預金金利が外国にくらべあまりにも低いことにあるといわれていますが……。

教授　そう、たしかに日本の銀行預金より金利の高い外貨、とくにドル建て預金にお金を預ける人は増えているね。これは日銀の調査なんだが、九九年末の外貨預金の総額はおよそ三兆円で、前の年の同じ時期より六一・三％も増えたそうだ。日本の低金利を嫌って、日本からマネーがどんどん国外に流れ出している、いまの外貨預金の動きはマネーの国外流出を知るもっとも簡単なケースだと思うね。

美香　でも、新聞なんかではこの外貨預金、リスクのある預金だから安易に飛びついてはいけないと書いていますが、やはりそうなんですか？

教授　そういうことだよ。ドル建て預金でいえば、まず円をドルに替えなければいけないだろ。だから、為替レートの変動にともなうリスクが生じる可能性があるんだよ。それに、外貨預金は途中解約ができない定期預金のかたちになっているのがほとんどなんだ。それだけにこの為替リスクを頭に入れておく必要があるんだよ。どう、ぼくのいってること、わかるかな?

美香　先生がおっしゃりたいことはわかります。でも、数字を入れた説明のほうがもっとわかると思います。ねぇ、良もそう思うでしょ?

良太　そう思う。数字を入れたほうが具体的になるから……。

教授　それじゃ、数字を入れてはなしをしようか。日本の一年物定期預金の金利は〇・一%、ドル建て一年物定期の金利は四%になっている。この利率は現在の利率そのものではないが、それほどちがいはないといえるね。いま為替レートが一ドル一一〇円であるとしよう。さて、いま良君が一一万円を円で一年物定期に預金したとしたら、満期日にどのくらいのお金でもどってくることになるかな? 税金はないものとして計算してみてくれるかな。

良太　先生、電卓お借りします。えーと、金利が〇・一%だから、一年の利子が一一〇円、一一万一一一〇円もどってきます。

教授　そうだね、じゃこんどは、この一一万円をドルで一年物の外貨預金したとしよう。ただし、ここで一つ注意しておかねばならないことがあるんだ。それは外貨預金の場合手数料がかかるんだ。銀行は円とドルを交換するときに手数料をとるんだよ。いま一ドルにつき一円の手数料をとられるとしよう。実際の手数料もこんなもんだよ。このとき、良君は何万ドル預金したことになるかな？

良太　先生、手数料を考慮するということは、一ドル一一〇円ではなく、一ドル一一一円で計算しなきゃいけないということですか？

教授　そういうことだ。

良太　それじゃ、ちょうど一万ドル預金することになります。

教授　そうだね。では、満期日には良君のドル預金の残高はいくらになっているかね？

良太　ドル建ての金利が四％だから、それで計算すると、一・〇四万ドルになります。

教授　この満期日に良君はこのドル預金を解約しなければならない事情が生じたとしよう。満期日の為替レートをみると、一ドル一〇一円になっている。円高だね。何万円もどってくることになるかな？

良太　一〇四万円戻ってきます。先生、円高になったため、ドルで預金すると損しちゃいますね。一年前には一一一万円あったとらの子のお金が一〇四万円に減ってしまってますから。

教授　これを元本割れというんだ。いくら外貨預金の金利が高いからといっても、為替レートがドル安・円高のほうへぶれると、為替リスクに直面し、せっかくの利ざやも吹き飛んでしまう。

ジュリア　わたしなんか、いつもこれに悩まされているわ。でも、ドル高・円安になると、思わず微笑んじゃうの。だって、利ざやもあるし、為替差益もあるし、いいとこばっかりだから……。だけど、いつもそうはいかない、それが悩みというわけね。

美香　先生、外貨預金に付きまとう為替リスク、これを避ける方法はあるんですか？

教授　最近、外貨定期をしている預金者が銀行に為替先物予約を申し込むことが多いそうだが、これなどはこの為替リスクを避けるための方法の一つだね。

美香　為替先物予約って、どういうものなんですか？

教授　うーん、これはね、最近よく話題にされるデリバティブという金融技術の一つなんだ。でも、この説明はもうちょっとあとまで残しておこうと思う。その

●井上靖『氷壁』（新潮文庫）
前穂高東壁の難所に挑む若い登山家を主人公に、友人の不慮の遭難死をめぐる社会的なスキャンダルとの戦い、さらには、上高地、穂高という雄大な自然と都会の雑踏を照応させつつ、ひとりの女性をめぐる恋愛と男どうしの友情をドラマチックに展開させた長編小説。

はなしの前にいろいろまだはなしておくことがあるからね。それでいいかな。

美香　ハイ。

教授　今日はこのあたりで終わるとしようか。お疲れさん。

全員（いっせいに）　ありがとうございました。

教授　さて、明日の講座は場所を変えてやろうと思う。こんどの場所は徳沢《とくさわ》と呼ばれているところだ。そこはここから梓川に沿って上流へ二時間ほど歩いたところに位置する、なかなかいいところなんだよ。そこには徳沢園という山小屋があるんだ。山小屋といっても、いまは旅館ふうのりっぱなものだがね。この山小屋はね、井上靖《いのうえやすし》の小説『氷壁《ひょうへき》』の舞台にもなった山小屋なんだよ。それで、《氷壁の宿　徳沢園》というネーミングがついているんだ。今晩はそこに泊まることになっているからね。楽しみにしていていいと思うよ。

徳 沢 園

これからの予定なんだが、しばらくは休憩するとして、午後二時ごろにみんな集まって徳沢までトレッキングしようと思う。歩行時間は二時間ちょっとかな。ウォーキングの準備はしっかりしておくように。集合場所は昨日と同じ河童橋としよう。それじゃ、また二時に……。

初日の幕あい

さすがに美香もちょっと疲れたようだ。朝の七時半ごろからはじまって、途中何回か休憩があったものの正味三時間はたっぷり勉強した。しかし、その疲れはいやな感じの疲れでなく、何か充実した、心地よさを感じさせる疲れであった。テラスでの勉強は、小鳥のさえずりとともにはじまり、小鳥のさえずりを交えて進むといった具合に、たえず小鳥たちといっしょだった。ときおり教授が「いまの鳴き声はゴジュウカラだよ。あれは大きな声で鳴くので遠くまで聞こえるんだ」、「いまのはコマ

コマドリ

ゴジュウカラ

ドリの鳴き声だ。ヒンカララと馬のいななきのように聞こえないかな。馬のことを駒ともいうだろう。それでこの名がついたんだ」といった解説もはいり、森の樹木や小鳥に囲まれての勉強は、ほとんど緊張感を感じさせず、楽しさのなかであっという間に過ぎたのであった。

テラスに通じる談話ルームでは、山岳会員の人たちが数人いた。アームチェアーに背をもたせて読書にふけっている人、また、何か文章でも書いているのかパイプをくわえながらパソコンのキーをたたいている人など、お互いじゃまにならぬように静かな山荘の空間を楽しんでいるようだった。

こんな雰囲気のなかで今日の講座は終了した。マネーは時代とともに進化する、銀行が抱えている問題、そして外国為替のいろいろ、な

明神岳

どいっぱいはなしに出てきたが、美香にははじめて聞くものが多かった。なかでもディーリング・ルームのはなしは日頃思ってもいなかった内容だったのでけっこうおもしろかった。

明日の講座はどんなはなしになるのだろうか。それに明日の講座は場所が変わって徳沢というところだそうだが、そこはどんなところだろうか。また、今日の午後は徳沢へのトレッキング、こんなことはじめての経験だし、きっと楽しいにちがいない……。未知への期待がいっぱいの美香であった。

II　株で経済ウォッチしよう

上高地からの穂高連峰

徳沢スケッチ

中日の幕開け

徳沢の朝はすがすがしい。昨晩泊まった徳沢園の前はちょっとした草原になっている。草原のところどころにはニレの大木などが点在しており、かつて牧場だった面影がそこここに残っている。空に向けて大きく広がった大木の枝葉の間からは真っ青な空がみえる。今日も晴天のようだ。美香たちは、講座がはじまるまでにはまだ時間があったので、草原を突き抜けて梓川の広い河原《かわら》まで歩くことにした。草原の一角にはいくつかテントが張られ、キャンパーたちが朝げの準備をしていた。河原に立って対岸をみると、そこには黒い岩壁を全面にむき出しした明神岳がそそり立っていた。山頂周辺の岩壁にはもう朝日が射《さ》しており、まだ日の光があたっていない中腹か

徳沢のキャンプ場

ら下部にかけての黒ずんだ岩壁や樹木とあざやかなコントラストをなしていた。川面《かわも》をみると、まだ冷気のようなものが一面にただよい、それだけいっそう山頂周辺の岩壁に射す朝日に暖かみが感じられた。その暖かみが、秒単位で少しずつ中腹へ向けて広がり行く様をみて、美香は、こんなにも色あざやかに変身していく山のすがたをこれまでみたことがなかった。

そろそろ講座がはじまるときがきたので、ふたたび徳沢園の前に広がる草原までもどることにした。徳沢園の前には、登山者たちが休めるようにと用意された木製のテーブルと腰掛けのセットが点在している。そのひとつに教授が背中をこちらに向けて、これからはじまる講話の準備をしているのか、テーブルの上に置かれたパソコンのキーを操作していた。どうやら今日の講座はこのテーブルで行われるようだ。美香たちが近づくと、教授は振り向き、にこにこ笑いながら、

徳沢から前穂高岳

「どう、山の朝は。今日は天気もよいし、気分爽快《そうかい》だね」

といった。そして、美香たちが思い思いの席に着くのをみて、

「そろそろはじめようか」

といいながら、みんなに一〇頁ほどのレポートを手渡した。表紙には『Ⅱ 株で経済ウォッチしよう』と書かれてあった。

「今日は株式市場のはなしをしよう。１の〈株式市場の探検〉では、世間ではなんとなく怪しげにみられている株の実体にせまろうとしたとき、これだけは知っておいたほうがよいと思われるいくつかの項目について取り上げようと思う。そもそも株はどういう経緯で生まれてきたのか、株を勉強することで、金利、為替、そして株価という経済のファンダメンタルズの関係がみえてきて、経済の動きがわかるようになることを指摘する。また、テレビニュースなどでも報じられる日経平均株価についてもふれることにする。２の〈投資信託ブームをウォッチする〉では、最近、人気の高い投資信託を取り上げる。そのしくみについてのはなしから入り、投資信託の値動きなどを知るのに便利ないくつかの指標について取り上げようと思う。３の〈株価で会社の経営実態を知る〉では、適正な株価、さらには株価で会社の経営状況を知るのによく使われる指標を取り上げ、その見

方について知ってもらおうと思っている。内容はできるだけかみくだいてはなすつもりだが、これはむずかしいかなと思われる個所もいくつかある。わからないときは、遠慮なく質問するように……」

緑陰講座中日《なかび》のはじまりである。

北穂高岳山頂から槍ヶ岳を望む

1　株式市場の探検

株式って何？

教授　美香は株式ということばは知っているかな？

美香　ええ、ことばくらいは知っていますが……。でも、説明しろといわれたら、どういったらよいか自信ないなぁ。

教授　そうだよね。美香は経済学を専攻しているんじゃないからね。でも経済の世界ではとても重要なものなんだよ。それじゃ、株式会社って、いつ、どんなところから生まれたんだろうか、こんなところからはなしをはじめることにしようか。良君は東インド会社という名前、聞いたことがあるかな？

良太　世界史の教科書に出てくるあの東インド会社のことですか？　それなら知っています。

教授　そう、その東インド会社のことだ。じつは株式会社のルーツはこの東イン

●セリエAも株式上場で資金集め

外電によると、イタリアのプロサッカーリーグ、セリエAでチームの株式上場がブームとなっている。資金調達力を強化して高騰する人気選手への年俸や移籍金などを工面するのが狙い。中田英寿選手が活躍する名門チームローマは二〇〇〇年春発行済み株式の二五％を売り出し、一三〇〇億リラから一七〇〇億リラの資金を調達するという。ローマを皮切りにACミランやインテルなど有力チームがぞくぞく上場する予定という。なお、ローマより二年ほど先に上場したラツィオは、株式上場で手に入れた五〇〇〇億リラをもとに人気選手を補強したおかげか、九九年の成績は二位になった。ただ、成績が低迷すると、株価も低迷し、経営が圧迫されるリスクもある。サッカーファンは株価の

ド会社にあるといわれているんだよ。当時、といっても一六世紀から一七世紀への、世紀の変わり目のころのことだが、イギリスとオランダは香辛料や中国製陶磁器などの貿易からあがる大きな利益をめぐって競争していたんだ。この二つの国は、こうした東方貿易をうまくとりしきるための会社を設立するんだ。それが東インド会社といわれているものなんだよ。つまりだね、当時の東方貿易は非常に危険の多いものだったので、これらの会社は、船を仕立てて香辛料などを仕入れに行くに際し、たくさんの人たちからお金を出してもらい、無事船が戻ってもうけがでたら、出してもらったお金の割合に応じてそのもうけを分けていたんだ。

良太　もうけはこういうかたちで分けますと約束してお金を出してもらうんですね。

教授　そういうことだね。

ジュリア　もし船が沈没したりしたなら、お金を出した人たちは自分の出資金だけ損するしくみになっているんですね。

教授　そういうことだな。いまジュリアがいったことは、船が沈没して大損して借金しても、お金を出した人は自分の出したお金の分だけ責任を負えばそれで済

動きでも一喜一憂する時代になりそうである。

むということだよね。このことを有限責任制というんだ。有限責任にすればお金が集めやすいからね。有限責任でお金を集めたこの東インド会社のやり方が株式会社の起こりといわれているんだよ。

美香　株式会社はお金を集めやすくするために考えだされたものなんですね。

教授　そうだよ。

美香　でも先生、もしお金を出した人が途中でそのお金を戻してほしいといったとき、ちゃんと戻してもらえるようにしないと、お金ってなかなか出しにくいと思うんですが……。

教授　たしかに、美香のいう通り出したお金を回収しやすくすれば、お金は出しやすくなるよね。さっきの東インド会社でいうと、じつは、同じ東インド会社といっても、二年早く一六〇〇年に設立されたイギリスのほうは貿易の航海ごとに株式を発行し企業を立ち上げ、航海の終了とともにその企業を解散するといったやり方で、いまの株式会社とは性格がちょっとちがっていたんだよ。この場合なら、出したお金を航海の途中で回収するようなことはそうひんぱんにあるわけじゃないから、美香の心配もそんなに考えることはなかったんだが、しかし、二年遅れて設立されたオランダのほうはそれまでばらばらだった六つの貿易会社を合

有限責任
一定額まで債務の弁済を負う責任。株式会社の場合だと、出資にともなう責任は出資金を損するだけで、それ以上の責任を問われることはないこと。

東インド会社
一七世紀に西欧諸国が東方貿易のために設立した会社。イギリスは一六〇〇年、オランダは〇二年、フランスは〇四年に設立。香料などの物産を輸入することが主な目的であったが、商圏拡大のため植民地経営にも乗り出した。株式会社の原型としても知られている。なお、日本の場合、明治一二年に設立された東京海上保険会社（現在の東京火災海上保険）がはじめて有限責任制を取り入れ、これをきっかけに日本の株式会社が発達したといわれている。

併してつくられたものなんだ。六〇名の取締役のうえに一七人からなる重役会がつくられており、東インドの植民地経営と貿易を継続的に展開する会社だったんだよ。いまの株式会社と似ているよね。だから、きちんといえば、株式会社の起こりはこのオランダの東インド会社だといわれているんだ。このような継続的に事業を行っている会社にお金を出すとなれば、美香のいったことにはちゃんと対処しなければならないと思うよ。それに、お金を集める会社にしたって、集めたお金を途中で返してほしいといわれたら、事業もつづけられなくなるし、会社つぶれちゃうもんね。

美香　そうか。会社だってなんとかして集めたお金がそのままあるようにしなければいけないんですよね。で、どうしたんですか？

教授　それはね、ほらっ、寄付を集めるとき、よく一口いくらっていっているだろう。これによく似た手を考えたんだよ。分け前をもらえる権利を細かく分けて、それを一枚一枚証文にして、その証文をお金を出す人に買ってもらうようにしたんだ。一枚の証文を一株と数えてね……。

ジュリア　それで株という言葉が生まれたんですね。お金を出資したいという人に株を売って資金を集めるやり方を株式というんですね。

●**株**
株とは株式会社の出資単位のこと。

美香　あっ、そうか。いまジュリアのいったことで、なぜ株式というのか、そのことばの意味がわかったわ。だから、株式会社って、こういうやり方で資金を集める会社のことなんですね。

教授　そうだよ。経済学ではこれを、株式会社は株を発行して資金を調達する、と表現しているんだよ。このようにして調達した資金を資本金というんだ。資金を募るとき株式会社は証券会社に頼んで株式を発行してもらうんだよ。これをアンダーライター業務といって、証券会社がする仕事の一つなんだ。

良太　先生、株式会社をつくるときに株を発行して集めた資金を資本金ということはわかったんですが、そのとき集める資金はいくらでもいいんですか？

教授　よくないんだ。いまから一〇年ほど前までは三五万円の資本金を用意すれば株式会社がつくれたんだが、その後その額じゃあまりにも低すぎていいかげんな会社がいっぱいつくられちゃったとして、九一年に法律が改正され、株式会社をつくるには最低一〇〇〇万円の資本金が必要になったんだよ。

良太　いいかげんな会社ってどんな会社のことですか？

教授　そうね、たとえば、実際は家族だけで行った旅行なのに、それを社員旅行として費用のなかに入れて納める税金を免れようとするような行為が常習化して

証券会社の業務　証券会社には四つの業務がある。投資家の注文に応じて投資家の資金で株売買をするブローカー業務。証券会社が自分の資金で株売買するディーラー業務。企業が資金調達のための株式発行を行うとき、この株式を一定の手数料のもとで引き受け、売り出すまで保有するアンダーライター業務。発行済みの株や新規に発行される株を投資家に買ってもらうように勧誘するディストリビューター業務。九九年九月まではいずれの業務も大蔵省の認可が必要であったが、その後、どの業務も登録さえすれば、だれでも開業できることになった。

いる会社なんかがそれにあたるね。これは株式会社ということを悪用した脱税、悪質な納税逃れだからね。

美香　先生はさっき証文とおっしゃったんですが、それって株券のことですよね。その株券のことでちょっと聞いてもいいですか?

教授　いいよ。どんなことかな?

美香　発行する株券の枚数と資本金との関係のことです。そこらあたりのことがいまいちわかりません。

教授　美香、その質問、もうちょっと具体的にいえないかな?

美香　そうですね、たとえば、資本金は会社の資料などによく出ているんでわかるんですが、その会社がどのくらいの株券を発行しているのか、こういうことを知りたいときに資本金の金額からなんかわかる方法みたいなものがあるんでしょうか?

教授　そうだね、美香のいまの質問、厳密にいうとなかなかこみいったこともあるんだが、いまはこう答えたらいいんじゃないかと思う。まず、発行する株券にはもともと値段がついているんだ。これを額面《がくめん》というんだよ。いまから二〇年ほど前までは額面五〇円が一般的だったんだが、その後法律が改正されて、新しく

●**株券の額面**　株券のもともとの値段のこと。八二年の商法改正で、新しく設立される株式会社の株券は、額面が五万円以上となった。それ以前に設立された会社では額面五〇円というのが多いが、株式の単位は一〇〇〇株分、五万円となっている。

つくられる株式会社の株券は額面が五万円以上となったんだ。ちょっと古い会社の資本金が一〇〇億円だったとすると、おそらくこの会社の株券の額面は五〇円のはずだから、この額面金額で資本金を割れば発行している株数がわかるんじゃないかな。

美香　なるほど、この場合だと、二億株ということですね。

教授　その会社の株券の額面がわかれば、発行している株数は大体わかるわけだよ。古くからある大企業は額面五〇円、最近出てきた急成長の会社だと額面五万円と考えればいいと思うよ。

株式市場も競争の時代

美香　先生、資金を回収したいときは株を売ればいいんですよね。でも、だれに売ればいいんですか？

教授　それは株を買いたい人にだよ。でもそれには気軽に株の売買ができるところがあれば便利だよね。このためにつくられたのが株式市場なんだ。東京証券取引所だとかニューヨーク証券取引所とか呼ばれているのがそれだよ。最近は、こ

◉日本の証券取引所
日本国内の証券取引所は、よくニュースにも登場する東京証券取引所のほか、大阪、名古屋、札幌、京都、福岡にある。新潟と広島にもあったが、商いが少なく、そのためいまは東証に吸収された。このように取引所が全国に点在されたのは、通信網が未発達だった頃の名残りで、通信網が発達したいま、地方の取引所の役割はなくなりつつある。取引所での商いのおよそ八〇％は東証が占めている。ニューヨークの「ウォール街」、ロンドンの「シティ」、東京の「兜町」など、証券取引所のある一帯は独特の名前で呼ばれることが多い。

れとはちがって、新しい株式市場もいろいろつくられるようになったがね。

ジュリア　株式市場とは、株を売買するためにつくられた市場なんですね。こういった市場がちゃんとあれば、株にお金が出しやすくなりますね。

教授　それだけ会社は発展性のある事業に使うお金が集めやすくなるよね。そしたら、会社も成長するし、新しいはたらき場所もできるし……。みんなのためにもいいことになるんじゃないかな。だから、株式市場が存在することはすごく大切なことなんだよ。

美香　株式市場があると、株が人の手をわたり歩くことはあっても、会社に集められたおカネはそのまま変わらないんですよね。なるほど、うまくできてるんだ。で、オランダの東インド会社のときも、こういった株式市場があったんですか？

教授　あったよ。アムステルダムに証券取引所をつくってそこで東インド会社の株が売買されていたんだ。これはアムステルダム証券取引所の記録にいまもちゃんと残っているよ。

美香　そうなんですか。いまから四〇〇年も前にもうこんなしくみを考えついた人がいたなんて、びっくり、すごいと思う。

教授　そうだね。株式というしくみを考えたことで、わたしたちの経済は大きく発展したんだよ。歴史上いろいろな発明があったが、このしくみも、地味ではあるが、すばらしい発明の一つじゃないかな。

良太　先生、株式市場ではどんな会社の株でも売買されているんですか？

教授　いや、そうではないんだ。たとえばいちばんの老舗《しにせ》で大きな東京証券取引所の場合でいうと、取引所が設けた一定の基準をパスした会社の株しか売買してないんだよ。その基準をパスした会社を上場会社、その株を上場株というんだ。取引所に上場されている会社の数はおよそ一八〇〇社そこそこで、株式会社全体の〇・五％にも満たないね。ほとんどの株式会社の株は株式市場で売買されていない。このように市場に公開されず売買されることのない株を非公開株というんだ。だから、ほとんどの会社の株は非公開株ということになるね。

美香　一定の基準って、どんなものなんですか？

教授　そうだなぁ、何年間か黒字をつづけているとか、発行している株数がたくさんあって、株を持っている人、これを株主というんだが、その株主が特定のグループにかたよらずたくさんいて……、ちょっとあいまいなんだが、まぁ、こういったところかな。

◎東証の主な上場基準　東証に株式上場するにはきびしい審査基準をパスしなければならない。主な基準は、資産が一〇億円以上あること、上場される株式数が東京周辺の会社で四〇〇万株以上あること、上場株式数が一〇〇〇万株未満の会社で株主の数が八〇〇人以上いること、利益は黒字であることなどである。

美香　じゃ、上場企業って、株の発行で広く集めたお金がけっこう多くて、しかも成績優秀の優良会社ということですね。

教授　まぁ、そんなところだな。もっとも最近では、この上場会社が日本長期信用銀行のように、倒産する例も少なくないがね。また、株を公開していないからといって、その会社は小さくてあやふやな会社だといいきれないんだよ。たとえば、そうだなぁ、サントリーって会社知っているだろ、あそこの株は非公開株なんだよ。

良太　へえ、サントリーの株って公開されてないんですか。はじめて知った。

ジュリア　さっき先生は、最近、東京証券取引所などとはちがった、新しい株式市場もいろいろつくられるようになったとおっしゃったんですが、それってどんなものなんですか?

教授　証券取引所の基準はけっこうハードルが高くて、そこで株を上場したくてもなかなかそういうわけにはいかないんだよ。普通、日本では、会社をつくってから、上場されるようになるには三〇年くらいかかるそうなんだ。アメリカだとそれが五年くらいなんだ。

ジュリア　ずいぶんちがうんですね。

●**上場会社の社会的責任**
アメリカでは、株を上場することは「公共に売却する」ということだといわれている。株が上場されると、会社に社会的責任が発生するということである。会社は株の値段に影響するような社内事情が発生したら、その内容をオープンにすることが求められる。社内情報を持った会社経営陣など一部の者がその情報を利用して会社の株の売買をするインサイダー取引を法律で禁じているのもこのためである。

教授　そうなんだよ。これじゃ、お金を集めて新しい事業を展開したいと思っても、思うようにお金を集めることができないよね。それで、基準をゆるめて株を公開しやすくしようよという考えが出てきたんだ。こうした考えでつくられたのが、取引所を通さず証券会社の店頭で公開して株を売買することができるしくみなんだよ。これを店頭市場といって、そこで公開された株を店頭株というんだ。いま店頭で株を公開している会社はおよそ八〇〇社くらいあるんだよ。

美香　店頭株って、どんな会社のものがあるんですか?

教授　そうだなぁ、よく知られているところでは、インターネットの「ヤフー」なんかがそうだね。

ジュリア　やっぱり新しい会社が多いんですね。

教授　まぁ、そう考えてもいいね。こういった会社は、まず店頭市場に株を登録し、会社が成長するに応じて、ここを卒業し、やがては取引所に上場するのが狙いだったんだね。これが店頭市場の持っていた役割だったんだ。

美香　店頭市場の持っていた役割だったということは、いまはちがうんですか?

教授　あっ、つい過去形を使っちゃったんで、誤解を与えてしまったかな。ちょっといい過ぎたようだね。アメリカの店頭市場であるナスダックのことが頭をよ

◎店頭市場
日本証券業協会の審査をパスした会社の株が売買される市場。証券会社の店頭で、顧客が株の売り買いを注文すると、証券会社はその情報を他の証券会社に流して、その取引を成立させる。店頭株の審査は東証の上場審査基準よりゆるく、これから成長が期待される会社が多く登録されている。

ぎって、つい表現が過去形になってしまったんだ。

美香　ナスダックのことがよぎったとは、どういうことですか？　ジュリア、わかる？

ジュリア　ナスダックって、アメリカの新聞にはよくでるので、それが株式市場に関係するものだくらいは知ってるけど、でもその中身まではよく知らない。だから、いま先生がおっしゃったこと、わたしにもわかんないなぁ。

教授　つまりだね、このナスダックという店頭市場は、いまや老舗のニューヨーク証券取引所をしのぐ勢いで成長しているんだ。老舗のニューヨーク取引所はこの新進の株式市場とはげしい競争にさらされているんだよ。

美香　でも先生、さっきおっしゃったことだったら、ナスダックに登録した会社はやがては老舗の取引所に移るんじゃないんですか。だったら、そんなに気にすることないと思えるんですが……。

教授　それがそうとばかりいえないんだなぁ。ナスダックに株を公開している会社、たとえば、世界中にもよく知られているマイクロソフト、インテルといったハイテク会社は、ニューヨーク取引所に上場するだけの資格を十分持つようになっても、そのままナスダックに居残っているんだよ。

●ナスダック
全米証券業協会が運営する株式市場。この市場への上場審査はニューヨーク証券取引所の上場審査基準よりゆるく、そのため成長会社がつぎつぎ加わった。ナスダックはコンピュータ上の市場である。全米の証券会社の店頭にあるコンピュータで注文を出し、そこで売買が成立する。

良太　どうして居残っているんですか？

教授　それはね、マイクロソフトなんか、知名度は抜群だし、そこでもう十分資金が集められるからだよ。

良太　だったら、移る意味がないってことですね。

教授　そういうことだ。良君がいうように、ナスダックでマイクロソフトのような会社がどんどん出てきたら、ジュリア、ニューヨーク取引所のほうはどうなると思う？

ジュリア　ナスダックのほうに資金がどんどん集まり、ニューヨーク取引所の取引高はどんどん減ってしまうと思います。あっ、そうか。アメリカでは、店頭市場の性格が変わっちゃったんですね。だから、先生はナスダックのことが頭をよぎったとおっしゃったのですね？

教授　そうなんだよ。いまや、すこしオーバーにいうと、ニューヨーク取引所は存亡の危機にさらされているんだよ。

良太　先生、ちょっと質問をしていいですか？

教授　いやにあらたまって、どういうことかな？

良太　ナスダックって、どうしてナスダックというんですか？

美香　そうそう。わたしも聞こう聞こうと思ってたの。

教授　ナスダックは、英語でいうと、National Association of Securities Dealer's Automated Quotation System の頭文字、NASDAQのことなんだよ。全米証券業協会が管理運営するコンピュータ・ネットワークを使って株の売買をする店頭市場のことなんだ。

美香　さっきのはなしのつづきなんですが、日本はどうなんですか？

教授　九七年ころかな、日本にも金融や証券の世界に変革の波が押し寄せることになったんだよ。君たちもうすうす知っていることだと思うが、いわゆる「金融ビッグバン」と呼ばれた構想のことだ。

良太　ビッグバンって、よく新聞なんかでみるんですが、なんのことですか？

教授　ビッグバンというのは、英語で大爆発という意味なんだよ。宇宙はいまから一五〇億年前に大爆発によって生まれたという説があるんだが、このことばが、イギリスの金融市場の大改革を指して使われたのがことのはじまりだね。使ったのは当時イギリスの首相だったマーガレット・サッチャー、鉄の女と呼ばれていた女性だよ。ロンドンの金融の中心地シティが、長い伝統に支えられた取引慣行や規制が仇となって、イギリスに集まってたお金がどんどんアメリカへ流出

●**ロンドンの金融街・シティ**　ザ・シティ・オブ・ロンドン、略称シティは、テムズ川の北岸、総面積わずか一平方マイルの地域をさす。一九世紀の重厚な建築物が立ち並ぶ、東西、南北、どちらへ歩いても三〇分たらずで終わる狭い街だが、国際金融、株式、保険商品取引、海運など地球上で売買の対象になるすべての機能が集約されている。

し、シティの地盤沈下が進んだんだ。七〇年代から八〇年代にかけてのことだよ。これに業を煮やしたサッチャーは金融市場の大改革をするんだ。規制などを思い切って撤廃するんだよ。サッチャーはこの大改革をビッグバンと呼んだというわけなんだ。一九八九年のことだよ。このビッグバンの結果、イギリスのシティはふたたび活気を取りもどすんだ。これに刺激されたのか、八年ほど遅れて日本にも金融大改革がやってきたんだね。いわゆる金融ビッグバンの日本版のことだ。この日本版の構想は、日本の証券や金融を覆っているいろいろな規制を大胆に取り払って、国際的に競争力のある市場をつくるために練られたものなんだ。このなかで、店頭市場の役割を、これまでの補完的なものから、アメリカのナスダックのように、証券取引所と対等に競争できる、競合的なものに変える方針を打ち立てたんだよ。

ジュリア　それで、現実にそうなったんですか?

教授　ぼつぼつだね。そうした方向性だけは出てきたってところかな。たとえば、東京証券取引所が、九九年に、マザースという新しい株式市場をつくったことなどがあげられるね。

美香　マザースって、あの「おかあさん」のことでしょ。どうして「おかあさ

イギリスのビッグバン効果　一九八六年、イギリスは思い切った金融改革に乗り出した。株式売買の手数料を自由化し、それにかかる税金を下げた。閉鎖的だった証券取引所に外国勢が参加できるようにした。コンピュータを使った株取引ができることにした。これらの改革を総称してビッグバンという。この結果、シティは息を吹き返す。しかし反面、イギリスの銀行などが外国の企業に買収され、シティは外資系の金融機関に活躍する場を提供することで繁栄しているともいわれている。これをウィンブルドン効果という。

ん」なのかな？

ジュリア　マザースって、どんな株式市場なんですか？

教授　設立されたばっかりの会社で、だからこれまでの実績はないが、将来性はばっちり見込めるような会社なんかの株を売買する市場なんだよ。

美香　それって、ベンチャー企業のことですね。

教授　そう。ベンチャーといわれる会社は、十分な実績がないので、なかなか資金が集めにくいんだ。そこで、実績や会社の年数などはあまり問わずに、いまはできたてでも、将来性はばっちり見込める会社ならといって、そうした会社のために資金を集めやすい株式市場をつくったんだよ。いまはまだ生まれたてだが、将来有望なら育てていこうというわけだね。それで、Market Of The High-growth and EmeRging Stocksの途中の文字を集めてMOTHERSというネーミングにしたんだ。ちょっとこじつけといった感じもするが、つくった本人は気に入っているんじゃないかな。

ジュリア　ベンチャー企業向けの株式市場なんですね。で、うまくいってるんですか、マザースは？

教授　いまのところ、まだこの市場に株を公開している会社は一六社なので、な

●マザース
九九年一一月、伸び盛りの会社を育てる「母親」になろうという期待を込めてつくられた新興株式市場。公開基準を緩め、ベンチャー企業の資金調達の場となることを狙いとしている。

●ベンチャー企業
ベンチャーとは、冒険する、危険をおかすという意味のことば。将来マイクロソフトのように大会社になる可能性もある反面、あえなく倒産してしまう恐れもある。新しい会社であるため、まだ信用が浅く、資金集めに苦しむことが多い。

んともいえないなぁ。もう少し長いスパーンでみる必要があるね。

美香　マザースに登録した会社で、わたしたちでも知っている会社あるかしら?

教授　そうだなぁ、新聞などでよく話題にもなったスカイマークという新しくできた航空会社なんか、このマザースに株を公開しているよ。なかなかの人気株だそうだよ。また、二〇〇〇年になって、全米証券業協会とソフトバンクが大阪証券取引所と提携して、これまたベンチャー企業向けの株式市場をつくったんだよ。その名もナスダック・ジャパンというんだ。いまのところこの市場に株を公開しているのは一二社なんだが、将来はアメリカのナスダックと連結してグローバルな株式市場を目指すそうだよ。

美香　いろいろな株式市場ができて、おたがいに競争するんですね。株式市場の世界も大変なんだ。老舗の東京証券取引所は生き残れるかしら?

教授　だから、老舗といえども生き残りに必死という時代になったんだ。

ジュリア　なんか手を打っているんですか?

教授　ニューヨーク、東京、オーストラリア、トロント、パリ、アムステルダム、香港、サンパウロ、ブリュッセル、メキシコといった、世界の主要証券取引所は、いま、各市場の株を二四時間取引できるグローバルな市場づくりをはなし合っているんだよ。おたがいが生き残るためにね。

美香　外国為替市場のようなネットワークをつくるんですね。

教授　そうだよ。有望株を求めて世界中を駆けめぐるグローバル・マネーを取り込むためにね。このマネーの取り込みには、じつは、アメリカの有力ハイテク企業が公開している店頭市場ナスダックも狙っているんだ。日本やヨーロッパにちゃくちゃくと拠点を設けてね……。だから、証券取引所側も、対抗上、提携してマネー取り込みを図るというわけだよ。

ジュリア　証券会社や投資家にとっては、外国の会社の株を自国の取引所を通じて売買できるようになるんですよね。だったら、非常に便利になりますね。

教授　そうだね。いまでも証券会社を通じて外国株の売買は行われているんだが、それがもっと便利になるということなんだ。これが実現するには、異なっている各国の証券規制などの調整を図らねばならないなど、いろいろはなし合うことも多いがね……。でも、生き残るためにも、できるだけ早い時期に実現させたいそうだよ。

良太　この一〇ヵ所の証券取引所でネットワークをつくるということですが、このネットに組み込まれる取引所は、世界の株式市場のなかでも小さなものじゃないと思うんですけど、全部合わせればどのくらいの規模になるんですか？

教授　そうだなぁ。取り扱っている株式の時価総額でみておよそ一二兆ドルくらいかな。一ドルを一〇八円として換算すると、およそ一三〇〇兆円になる。これは世界の株式市場全体の五三％にあたるんだ。

美香　株式の時価総額って、なんですか？

教授　発行した株数にそのときの株の値段を掛けた金額のことだよ。証券取引所の大きさを示す数字としてよく使われているものだ。

良太　一三〇〇兆円なんてすごい金額ですね。ちょっと想像がつかないなぁ。

ジュリア　これが実現すると、二四時間、株式市場でも、マネーが地球を駆けめぐるというわけですね。

美香　ナスダックもあるし、マネーはもっともっと地球を駆けめぐることになるんじゃないかしら。

教授　まったくその通りだね。

ジュリア　でも、先生、外国株の売買をするときは、当然為替レートの問題がでてきますから、ここでも外国為替の勉強が大切になりますね。

教授　そうなんだよ。どんなかたちであれ、マネーが国境を越えるときは、マネー変換装置である外国為替市場を経由しなければならないからね。グローバルなビジネスがどんどん展開されるようになったいま、ジュリアがいうように、外国為替の知識をしっかり持つことが必要なんだよ。

株価を動かす要因

教授　ところで、美香は、株価って知っているよね？

美香　ハイ、知ってますよ。株の値段のことでしょ。でも、株価って、どうして上がったり下がったりするんですか？

教授　この質問はプロの投資家でさえなかなかその答えはこれだといえないんだが、でも、株に興味がある人なら、だれでも聞きたいものだよね。そうだね、株価を動かす要因っていうことだが、まぁ、いくつかあげられるね。一つは景気だなぁ。それから、金利もあるね。為替レートもそうだね。それからもう一つあげるとすれば、会社の経営状況だね。これらの要因がどうなっているかで、株価がどう動くかがある程度読めるといわれているんだよ。

良太　先生、いま景気といわれたんですが、景気ってどういう意味のことばです

●**景気**
経済全体の好不調を表現することば。個人の収入や会社の利益、国の税収が上向きになれば「景気がいい」といい、下向きになれば「景気が悪い」と表現する。

か？

教授　そうだなぁ、よく「あの人は景気がいいようだよ」なんていうことがあるだろう。これって、「あの人はカネまわりがいいようだ」といった意味に使われているんじゃないかな。これと同じで、経済について「景気がいい」といったときは、「経済全体でカネまわりがいい状態になっている」ことだと考えればいいと思うよ。

美香　でも、それってなんかばくぜんとしすぎてませんか？

教授　そこで実際には、景気を示すいろいろな指標をつくって、それで景気を具体的に示しているんだよ。たとえば、ＧＤＰなんかはその代表的なものなんだ。

良太　ＧＤＰって、高校の教科書にもでてきた国内総生産のことですね。

教授　そう。英語で、Gross Domestic Product のことだ。その頭文字をとってＧＤＰといってるんだよ。これは国内にいる日本人や外国人が一年間に国内で使ったお金の合計のことなんだ。この合計が増えるとカネまわりがよくなるとみるんだよ。前の年からこれがどのくらい増えたかを示すのが経済成長率と呼ばれているものなんだ。

美香　よく新聞記事の見出しに出る経済成長率とは、このＧＤＰがどのくらい増

◎ＧＤＰ
国内総生産。一年間に日本企業や外国企業が国内で販売したモノやサービスの総額。日本国内の経済活動の実態を表わす代表的指標。

えたかを示す成長率のことなんですね。

良太　これが伸びると、カネまわりがよくなったとみるんだ。

美香　先生、このGDPや経済成長率の数字はどこが計算するんですか？

教授　そうだよ。

教授　経済企画庁という役所が計算するんだ。GDPは三ヵ月ごとに、これを四半期ごとにというんだが、発表されるんだ。三ヵ月ごとに出るから、この流れをつかんでおけば、最近の景気の動きをつかむのに役立つといわれているんだよ。

美香　この数字をできるだけお金をかけずにみようとしたら、なにをみればいいですか？

教授　それは新聞だと思うよ。大学の図書館なんかでみれば、費用はかからないしね。日本経済新聞の月曜版には、「景気指標」という一覧表があって、そこにはGDPをはじめいろいろな統計数字が載っているよ。これが便利だね。ちょっと待ってくれるかな……

といって、紙ぶくろのなかから一枚のコピーを取り出し、

教授　これが最近のその一覧表だよ。いろいろ載ってるだろう。

ジュリア　先生

景気指標

国内

	名目国内総支出（季調・年率・兆円）	実質成長率（季調%）	全産業営業利益（前年同期比）	日銀短観業況判断「良い%」−「悪い%」	景気動向指数 先行	景気動向指数 一致	鉱工業指数 生産 原指数	生産 前月比	生産 前年比	出荷 前月比	出荷 前年比	製品在庫 前月比	製品在庫 前年比	製品在庫率（季調）
96年度	504（510）	4.4（4.7）	▲3.0	—	—	—	103.7	—	3.4	—	4.3	—	0.5	98.9
97年度	508（514）	▲0.1（0.0）	▲3.9	—	—	—	104.9	—	1.2	—	1.0	—	4.1	104.3
98年度	497（504）	▲1.9（▲1.9）	▲23.4	—	—	—	97.5	—	▲7.1	—	▲6.1	—	▲3.2	110.3
99年度	※494（※500）	※0.5（※0.3）	15.6	—	—	—	100.8	—	3.4	—	3.5	—	▲7.3	101.2
99年8月	※495（※501）	※▲1.0（※▲1.0）	18.8	▲22	81.8	90.9	92.7	1.9	5.6	1.5	5.5	0.0	▲8.5	100.5
9月		（7−9）	（7−9）	（9月調査）	72.7	81.8	106.0	▲0.4	3.2	0.2	3.4	▲0.2	▲8.0	100.9
10月				▲17	72.7	81.8	101.3	0.1	1.5	0.3	2.2	▲0.8	▲8.9	100.3
11月	※485（※490）	※▲1.6（※▲1.8）	35.1	（12月調査）	72.7	72.7	104.3	1.3	7.0	1.8	7.4	0.1	▲6.8	98.4
12月		（10—12）	（10—12）	▲9	63.6	81.8	103.1	0.0	6.0	▲0.4	5.9	▲1.0	▲6.6	99.0
00年1月				（3月調査）	90.9	90.9	93.6	▲0.1	6.1	▲0.2	5.2	1.0	▲4.1	100.2
2月	※495（※502）	※2.5（※2.8）	28.5	3	81.8	63.6	103.2	▲0.5	8.2	▲0.5	8.8	0.1	▲4.2	97.6
3月		（1−3）	（1−3）	（6月調査）	72.7	81.8	117.6	2.4	4.5	1.8	4.7	1.3	▲2.2	100.0
4月				10	36.4	54.5	101.3	▲0.6	6.3	▲0.6	7.7	0.4	▲1.4	101.5
5月	※497（※502）	※1.0（※0.8）	30.3	（9月調査）	45.5	63.6	97.8	0.3	7.6	0.7	8.1	▲0.5	▲1.1	100.5
6月		（4−6）	（4−6）	11	59.1	72.7	107.3	1.9	7.2	2.7	7.8	0.0	▲0.7	98.5
7月				（先行き）	※55.6	※88.9	106.1	▲0.9	4.2	▲1.8	4.6	▲0.1	0.2	101.6
8月					※66.7	※88.9	100.5	3.4	8.4	3.9	9.3	0.3	0.5	96.0

	稼働率指数製造工業（季調）	半導体集積回路生産高（億円）	粗鋼生産高（千t）	機械受注（船舶・電力除く民需）前年比	大口電力使用量（季調・百万KWH）	第三次産業活動指数（総合季調）	広告扱い高（億円）	リース取扱高（億円）	建設工事受注前年比	新設住宅着工（戸）	マンション契約率 首都圏（%）	マンション契約率 近畿圏（%）
96年度	102.4	34.214	100.793	11.4	259.449	103.6	19.653	82.867	2.9	1.630.378	81.7	79.8
97年度	102.7	34.591	102.800	▲3.9	264.507	103.1	20.504	79.304	▲8.9	1.341.347	72.5	72.5
98年度	94.5	30.457	90.979	▲18.6	255.286	102.2	19.692	71.445	▲9.4	1.179.536	73.8	74.6
99年度	96.3	35.052	97.999	0.6	258.930	104.2	20.407	74.024	▲4.4	1.226.207	79.2	78.3
99年9月	96.8	2,983	8,098	▲6.7	21,966	103.8	1,688	7,048	▲5.2	109,012	77.5	77.7
10月	95.5	2,989	8,745	5.5	21,598	103.5	1,754	6,577	▲18.1	103,658	81.3	75.6
11月	97.8	3,152	8,442	▲1.8	21,719	104.4	1,914	5,878	2.4	104,669	73.6	83.5
12月	96.7	3,032	8,518	14.7	21,796	104.6	1,721	6,198	▲13.1	99,144	78.3	74.3
00年1月	97.7	3,004	8,590	21.2	21,434	105.3	1,512	5,025	25.0	91,519	68.2	76.3
2月	97.9	3,194	8,094	12.8	22,424	103.6	1,575	4,994	3.2	88,635	83.5	79.0
3月	99.8	3,323	8,716	6.7	22,093	105.5	2,373	8,989	7.2	96,149	81.6	81.6
4月	98.1	3,075	8,732	13.4	21,675	104.9	1,836	6,730	▲1.0	107,258	77.1	73.5
5月	98.6	3,288	9,140	17.7	21,878	105.8	1,700	5,350	13.9	100,443	76.1	76.3
6月	100.4	3,541	8,841	28.2	22,215	107.4	1,921	6,066	13.0	113,098	83.2	76.4
7月	100.0	3,648	9,012	17.9	22,154	106.0	1,823	5,734	▲6.8	101,696	79.6	72.7
8月	102.3	3,591	9,067	45.8	22,892	※107.2	1,583	5,478	▲5.4	103,554	81.7	71.3
9月	—	—	—	—	※22,284	—	2,014	—	—	—	75.4	68.7

	賃金指数全産業前年比	所定外労働時間製造業前年比	常用雇用指数製造業前年比	完全失業者数（万人）	有効求人倍率（季調・倍）	消費支出（全国・勤労者）前年比	全国百貨店販売額前年比	新車新規登録届出数（乗用車季調・台）	旅行取扱状況（億円）	M_2+CD増加率（平残前年比%）	日銀券増発率（平残前年比%）	コールレート（期末年利%）	CD平均利率90〜120日（%）
96年度	1.6	10.2	▲1.4	225	0.72	1.0	1.3	4.851.230	62.954	3.2	8.7	0.720	0.56
97年度	0.9	1.5	▲0.4	236	0.69	▲0.2	▲0.8	4.189.765	62.711	3.5	8.7	0.700	0.72
98年度	▲1.7	▲14.6	▲1.7	294	0.50	▲0.8	▲4.7	4.143.380	59.711	3.7	7.8	0.050	0.17
99年度	▲0.8	6.1	▲2.1	320	0.49	▲1.9	▲3.1	4.185.117	58.621	3.2	7.2	0.040	0.12
99年9月	0.6	7.7	▲2.1	317	0.48	▲3.9	▲5.0	350,858	5,429	3.3	6.2	0.050	0.25
10月	0.0	5.7	▲2.1	311	0.48	▲3.2	▲1.3	320,343	5,472	3.6	6.1	0.020	0.29
11月	0.1	8.9	▲2.0	295	0.49	▲3.8	▲4.6	336,911	4,955	2.9	6.0	0.020	0.32
12月	▲2.3	10.5	▲2.1	288	0.50	▲5.9	▲2.1	342,516	4,121	2.6	10.1	0.050	0.28
00年1月	1.4	12.2	▲2.0	309	0.52	▲4.1	▲0.5	383,963	3,563	2.6	11.3	0.020	0.11
2月	1.1	11.6	▲2.0	327	0.52	2.9	1.3	359,486	4,292	2.1	7.5	0.050	0.11
3月	▲0.6	14.5	▲1.9	349	0.53	▲1.9	▲2.8	348,295	5,050	1.9	8.0	0.040	0.12
4月	0.6	14.7	▲1.9	346	0.56	2.7	▲1.6	351,155	4,445	2.9	10.4	0.020	0.07
5月	0.7	12.4	▲1.7	328	0.56	▲2.1	▲4.0	370,260	4,706	2.2	7.8	0.030	0.07
6月	1.8	15.5	▲1.6	321	0.59	▲3.5	▲3.4	381,554	4,928	1.9	6.6	0.030	0.10
7月	▲0.4	13.2	▲1.6	307	0.60	▲4.3	▲5.0	329,647	5,636	2.0	5.7	0.020	0.17
8月	1.0	12.8	▲1.6	310	0.62	▲3.8	▲4.3	384,243	6,270	※1.8	5.6	0.250	0.36
9月	—	—	—	—	—	—	—	※347,476	—	※1.9	6.6	0.280	0.33

東南アジアIT支援

日本はいま情報技術（IT）への取り組みで一色である。米国をはじめ先進各国との技術格差に追いつくため政府は育成・強化に本腰を入れ始め、東南アジアの発展途上国にも先進国との「デジタルデバイド（情報化が生む経済格差）」が生じないよう支援を強める構えのようである。

そのこと自体は前向きな姿勢だが、東南アジアのIT支援では多少気になることがある。各国はパソコン普及率ひとつとっても、日本より普及しているシンガポールは別として、インドネシアやベトナムは一%未満、マレーシアやタイも二、三%台にすぎないのが実情だ。

電話普及率を含めたこれらIT関連の指標の順位は、各国の一人当たり国内総生産のそれと重なる。パソコンが普及しIT化が進展すれば、経済が発展するという状態にはまだなっていない。

先進国でITが既
社会システムに革命
もたらしているのは
いが、変革すべき経
あっての話であって、
ジアは全体としてま
階には手が届いてい

手軽に使える経済データ：『日経』月曜版の「景気指標」
国内と海外の経済・金融指標，金利・株価・為替・国際商品の指標が一覧できる
出所）『日本経済新聞』2000年10月23日付

といって、このコピーの左上にある文字を指さし、

ジュリア　この実質成長率というのは、経済成長率のことですよね。これに実質という語がついているんですが、なぜなんですか？

教授　そうだなぁ、こう考えたらどうだろうか。サイフのなかの紙幣がいくら増えても、もし物価がそれ以上上がったら、結局は、買い物はこれまでのようにはできなくなるんじゃないかな。これは、サイフのなかが増えてもカネまわりが悪くなったということだよね。カネまわりがよくなったか悪くなったかをみるとき、この物価の動きを考えに入れておかねばならないということなんだよ。そこでGDPを計算するとき、まずその年に実際に使ったお金の合計を出すんだ。これを名目GDPというんだよ。そしてこの名目GDPを基準に定めた年の物価で換算し直すんだ。これを実質GDPというんだ。換算し直したGDPは、基準にした年の物価で計算されたものだから、この数字には物価の変化は取り除かれていることになるだろう。これが実質GDPのもつ性質なんだ。これが増えたということは、文字どおり実質サイフのなかが増えた、カネまわりがよくなったということになるんじゃないかな。

美香　それで、成長率をみるなら実質でとなってるんですね。

●**日銀短観**
日本銀行が三ヵ月に一度出している「企業短期経済観測調査」のこと。全国の企業を大、中、小の三グループに分け、また、製造業と非製造業に分けて、経営者に対して、いま景気が「良い」か、それとも「悪い」かをアンケートで調査する。回答されたものを、「良い」と答えた数から「悪い」と答えた数を引き、結果がプラスなら景気は上向きと判断、マイナスなら景気は下向きと判断する。経営者がいま景気をどうみているかを示すので、投資家にとって貴重な情報として利用されている。

教授　景気の動きをみるのに、これ以外によく参考にされるものとして日本銀行の企業短期経済観測、簡略して日銀短観《にちぎんたんかん》と呼ばれているものがあるんだ。

良太　日銀短観ってどんなものですか？

教授　これは、日銀が企業経営者を対象にアンケート調査したものなんだよ。ちょっとこれをみてごらん。

　といって、パソコンのキーをたたくと、画面にグラフが映し出された。

教授　このグラフは、四半期ごとに経営者に景気はよくなっているか、それとも悪くなっているかとたずね、それを集計するんだ。つまりだね、よくなっていると答えた人の数から悪くなっていると答えた人の数を差し引き、それを回答した人の総数で割った数値なんだよ。この数値がプラスなら、産業界では景気は上向きにみていると判断するんだ。

美香　マイナスなら、景気はよくならないと判断するんですね。

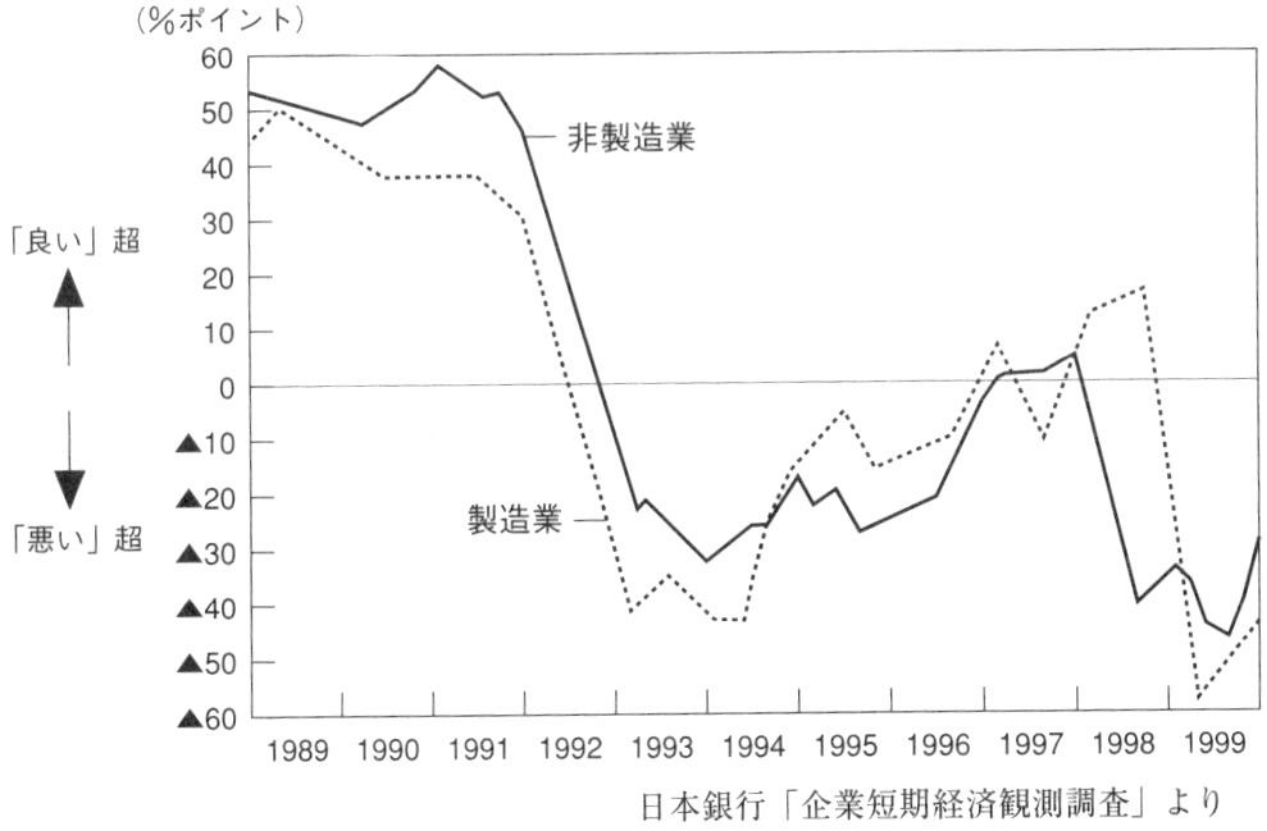

日本銀行「企業短期経済観測調査」より

日銀短観ここ10年の動き

教授　その通りだね。

美香　景気がよくなると、当然株価は上がるということですよね。だったら、最近、新聞で、政府が三年ぶりに成長率がプラスに転じたと発表したときに株価はほとんど動かなかったと報道してたのを読んだ記憶があるんですが、いまいったのと、ちょっとちがっているように思えるんですけど……。

教授　それはね、景気がよくなる数ヵ月前に、株価がこれから先の景気の動きをおり込んで動く、株価は景気に先行して動く性質を持っているからと考えられているんだよ。これを株価の先行性というんだ。昨日、金利のはなしをしたよね。その金利のことなんだけど、もし金利が下がるようなことがあると、株価はどうなると思う？

美香　どうなるんですか？

教授　株価は上がるんだ。日本の金利が下がると、アメリカの金利にくらべて日本の金利は低くなるだろう。すると、日本でマネーを運用するよりアメリカで運用するほうが有利になる。つまりだね、金利が下がると、日本にあったマネーはアメリカに流れていくんだよ。すると、外国為替市場で、円を売ってドルを買う動きが出てくるだろう。これは昨日はなした外貨預金のことを考えたらわかるよ

●**景気動向指数**　景気との関係の深い経済データについて、三ヵ月前とくらべてどう変化したかをチェックする。データは全部合わせると三〇項目あるが、これらのデータは三項目に分類される。景気の先行きを占う先行系列、新しい求人数や住宅建設の着工床面積、新車の登録台数などがそれである。景気の現状を示す一致系列、百貨店販売額、大口電気使用量などである。過去の景気の様子を示す遅行系列、完全失業率や法人税収入、家計消費支出などである。先行系列のデータで、三ヵ月前とくらべてよくなっているものをプラスとしてプラスの項目が多ければ多いほどこれからの景気はよくなると判断する。

ね。そしたら、ジュリア、どうなる？

ジュリア　ドル高・円安ですね。

教授　みんな、もうわかったようだね。

美香　日本産業の主力である輸出企業の業績が伸び、それが景気をいい方向へ引っぱり、株価が上がるというわけですね。

教授　その通りだ。

良太　金利が上がると、株価は下がるんですね。この場合も、やはり為替レートに影響が出てきて、それで株価が下がるんですか？

教授　うーん、それもあるが、この場合は、もっと別の動きも出てくるんだよ。

美香　どんな動きですか？

教授　それはね、国内の金利が上がると、生命保険会社など、マネーをたくさん運用している投資家、これを機関投資家というんだが、こうした機関投資家は株式で持っているより銀行に預けたほうが有利になるんだよ。

ジュリア　なぜですか？

美香　わたしも、そこんとこよくわかんないな。良はどう？

良太　そんなこと聞くなよ。

機関投資家
証券投資を業務としている会社や団体のこと。生命保険会社、損害保険会社、信託銀行、年金基金などがある。

教授　そうだよね。わからなくて当然だよね。結論だけをさきにいっちゃったんだから……そのわけはこんなとこかな。

といって、カップにコーヒーを注ぎ、一息いれるかのように、樹林の間にみえる山をみやった。

教授　マネーを運用する際、利回りという、マネーを運用したときの収益率を考えなければならないんだ。株にも配当利回りといって、株に投資したときの収益率というものがあるんだよ。日本の場合、配当利回りは低く、〇・二％から〇・三％くらいなんだ。でも、機関投資家はこの低い配当利回りでも、大量にマネーを運用するから、そこから入る収入はけっしてばかにならないんだよ。だから、もし金融市場の金利が上がり、配当利回りより金利が高くなると、株で持つより銀行に預けたほうが有利になるんだ。

ジュリア　あっ、そうか、それで株を売ってしまうんですね。それも大量にですよね。だから、金利が上がると、株価が下がるというわけなんだ。なるほどね。

美香、わかった？

美香　うん、わかったわよ。

教授　わかったようだね。いまの日本は、超低金利で、これ以上下がることは考

●**配当利回り**
株主に対する利益の分配。配当金を株価で除した値を配当利回りという。

えられないよね。だから、日本銀行が金利を上げる方向にもっていくようなことがあれば、株価の下落というのは十分ありうるはなしなんだよ。

美香　株価の動きを探るには金利と為替レートの動きをよくウォッチすることが大切なんですね。

教授　その通りだね。金利、為替、そして株価の三つは、経済のファンダメンタルズといって、経済の重要な指標なんだ。だから、これまでのはなしは、株を勉強すれば、このファンダメンタルズの三角関係がみえてきて、経済の動きがわかるようになるというはなしだったんだよ。

◎ファンダメンタルズ　経済成長率、金利や物価の上昇率、失業率、株価、為替レート、国際収支など経済の基礎的な指標を指すときに使われることば。株投資で、このファンダメンタルズの動きから投資決定する手法はファンダメンタルズ分析と呼ばれている。

日経平均株価

教授　良君は日経平均株価って知っているかな?

良太　ええ、知ってますよ。よくテレビニュースで為替相場といっしょにいわれていますから。でも、くわしくは知らないです。

教授　それじゃ、はなしはこの日経平均株価に移そうと思う。ところで、個々の会社の株がどういう株価になっているかをみただけでは市場全体の相場の流れはわからないと思うんだが、美香はどう思うかな？

美香　そうだと思います。だって、上がる株もあれば、下がる株もあるから。

教授　そういうことだね。そこでだ、もし株式相場全体の水準を客観的に示す指数があれば、便利だと思わないかね。ジュリア、どうかな？

ジュリア　便利だと思います。たとえば、投資家がいまどう判断すべきかを考えるとき、相場全体の流れがいまどうなっているかを客観的に知ることができれば助かるんじゃないでしょうか。

教授　良君はどうかな？

良太　総選挙の結果や国際情勢の急変に対し、株式市場はどうみているかを知りたいとき、こういった客観的な指数があれば便利だと思います。

美香　こういった指標があれば、さっきのはなしにあった金利が下がったり、円高になったとき、株価はそれにどう反応するか客観的にわかるようになると思います。

教授　いま君たちがいったような便利さを求めてつくられたのが日経平均株価なんだ。日経平均株価で相場の流れを把握することができるようになったというわけだよ。

良太　先生、日経って、日本経済新聞社のことですか？

教授　そうだよ。

ジュリア　これは日本経済新聞社が独自に考え出したものなんですか？

教授　いや、そうではないんだ。もともとはアメリカのダウ・ジョーンズ社が考案したしくみなんだ。ダウ・ジョーンズ社は、三〇社の平均株価を求めて、株式市場がいま上向きかそれとも下向きか、どちらのほうを向いているかを知る手がかりとしてつくったんだよ。日経平均はそれを日本に取り入れたものなんだ。はじめは東京証券取引所が計算し、ダウ平均と呼んでいたものなんだが、七五年からは日本経済新聞社がダウ・ジョーンズ社と独占契約し日経平均として発表しているんだよ。だから、日経はダウ・ジョーンズ社に対しロイヤリティを払ってこの指数をつくったんだよ。

ジュリア　じゃ、日経平均はアメリカのダウ平均と同じものなんですね。

教授　いや、ちがうんだよ。アメリカのダウ平均は、ニューヨーク証券取引所に上場された三〇銘柄から計算されているが、日経平均のほうは、東京証券取引所に上場された二二五銘柄から計算されているんだ。もっとも、計算方式は、ダウ方式といっていずれも同じなんだがね。

ダウ工業株三〇種平均　ニューヨーク証券取引所に上場されている主要工業株三〇銘柄を対象にしている。二八年から現在の形で算出されており、ダウ式平均株価の元祖といわれている。

良太　銘柄って、何ですか？

教授　それはね、証券取引所で売買されている会社の株につけられている通称のことだよ。

良太　会社の名前のことなんですね。

教授　そう考えてもいいね。ただ、日本水産という会社の株の場合だと、銘柄名は日本水産ではなく、「日水」となっているように、かならずしも会社名そのものでないケースもままあるので、通称といったんだよ。

美香　ダウ方式って、どんなものなんですか？

教授　日経平均でいうと、二二五銘柄の株価合計を除数と呼ぶ一定の数値で割って算出するんだ。単純平均とのちがいはこの除数にあるんだ。除数を修正することで、市況変動によらない株価の差を調整し、継続的に指数が比較できるようになるんだよ。

美香　先生がいまおっしゃたことはほとんどわかりません。良はどう？

良太　聞くなって！

ジュリア　わたしもそう。わかりません。

教授　たぶんそうだろうと思った。それじゃ、簡単な数字を使った例で説明しよう。いまいったなかで、とくに「除数を修正することで……」のところがわかりにくかったんじゃないかな。この除数を修正することで…… というところを、具体的な事例、そうだなぁ、株式分割の場合で考えてみようか。

美香　ちょっと待ってください。株式分割って、何ですか?

教授　そうくると思った。東インド会社じゃないけど、会社がもうけを出すと、その一部を分け前として株主に渡すよね。この分け前のことを配当ということは知っているよね。そこで会社はこの配当をどういうかたちで渡すかということになるんだが、一つは現金で渡す、もう一つは株で渡す、この二つの渡し方があるんだよ。このあとの渡し方、たとえば、株主が持っている一株を二株に分割すれば、この株主の保有株数は倍になるね。株主は株で分け前をもらうわけだ。これだと、たくさん株を持っている株主はそれだけ多く分け前をもらうことになるだろう。株式分割というのはね、発行済みの株をいくつかの株に分割して配当することなんだ。たとえば株価が一〇〇〇円の株で一株を二株に分割すると、発行済みの株数は二倍になるが、理論上、株価は二分の一にあたる五〇〇円になり、そのときの時価総額は分割前と変わらない。アメリカでは、この株式分割はひんぱんに実施されているんだが、日本では、最近になって、この株式分割を実施する

株式分割
株式を細かく分けること。資本金を増やさずに株数を増やすことができる。分割することで株価が下がり、売買がしやすくなる。株主のすそ野を広げようとする会社は積極的に取り組みたいと考えているが、アメリカ並みに定着するには商法上の制約など解決すべき課題が残されている。

会社があいついでいるんだ。こんなところでいいかな?

美香　だったら、一株を一〇株に分割するなら、発行済みの株数は一〇倍になり、株価は一〇分の一になっちゃうんですね。そしたら、投資家にとって、この株は買いやすくなりますね。

教授　そういうことだね。

美香　でも、株価が安くなりすぎることになりませんか?

教授　普通、株価が非常に高くなった会社がこの株式分割をするんだ。そしたら、美香がいうように、これまで高株価で買いにくかった株が比較的たやすく買えるようになるんじゃないかな。また、もともと高株価の株なんだから、株価がいつまでも分割前の株価の半分の水準に止まるとは考えにくい、いずれ上昇していくことが当然考えられるよね。株主にとって願ったりかなったりじゃないかな。

美香　なるほど、そういうことなんですね。

教授　それではなしをほんすじにもどして、こんな数字例で進めよう。はなしは簡単なほうがいいから、いま三銘柄しかないとしよう。この銘柄をA、B、Cとする。一日目の取引でAの株価が四〇〇円、Bのそれが五〇〇円、Cのそれが九〇〇円だったとする。このとき、一日目の日経平均はこの株価合計を銘柄数三で割ればいいよね。良君、ちょっとこの電卓で計算してみてよ。

良太　えーと、六〇〇円になります。

教授　さて、一日目が終わったあと、Cが一株を二株に株式分割したとしよう。このCの株価は理論的には半分の四五〇円になっているので、二日目にこの銘柄の株価が六〇〇円になったとすれば、これは値上がりしたとみてもいいんじゃないかな。さて、良君、またですまないが、ほかの二銘柄の株価が二日目も同じだったとして、二日目の日経平均を計算してみてよ。

良太　時価総額は一五〇〇円になるから、それを三で割ったら、五〇〇円になる、あれ、これっておかしいぞ！　ジュリア、そう思わないか？

ジュリア　そう、おかしいわね。だって、前日より値下がりした銘柄がなく、銘柄Cの株価は六〇〇円に値上がりしたんだから、日経平均は上がってもいいはずよ。良の計算だと、それが下がってるもんね。これって、おかしいよ。

美香　良の計算では、三で割ってるでしょ。これって三で割っちゃいけないんだよ、きっと。先生、そうなんでしょ？

教授　その通り。ここで除数を修正するんだよ。これがダウ方式というものなんだ。

美香　どう修正すればいいんですか？

教授　二日目にまったく値動きがなければ日経平均が前日と同じ数値になるように除数を修正すればいいんだよ。Cの理論的な株価四五〇円を使って株価合計を計算すると一三五〇円になる。この金額を未知数Xで割ると、ちょうど一日目の日経平均六〇〇円になる、と考えてそのXを求めればいいんだよ。美香、Xを求めてごらん。

美香　二・二五になります。

教授　そうだ。この数字が修正された除数というわけだよ。良君、これでもう一度日経平均を計算しよう。

良太　わかってます。一五〇〇円をこんどは二・二五で割ればいいんですね。えーと、六六六円六七銭になります。これが二日目の日経平均なんですね。たしかに値上がりしてますね。

美香　この数字なら一日目と二日目の相場の流れをちゃんと映し出してるということですね。

教授　わかったようだね。株式分割のような市況変動によらない株価の差が発生したら、除数を修正することでそれを調整するんだよ。これがダウ方式の特徴なんだ。

ジュリア　アメリカのダウ平均は三〇銘柄、日経平均は二二五銘柄、ずいぶんちがいがあるんですが、この場合、銘柄数は多いほうがいいのですか？　それともその逆なんですか？

教授　つくった指数がマーケットの方向を知る手がかりとして使えるなら、そりゃ銘柄数が少ないほうがいいにきまっているよ。計算が簡単になるしね。日経平均の場合、二二五銘柄はちょっと多すぎるんじゃないかという説もあるんだよ。銘柄のなかにはあまりぱっとしないものもあるからね。

良太　それじゃ、変えちゃったらいいのに。

教授　ときどき銘柄の入れ替えをするんだよ。アメリカでは、九九年一一月にこの入れ替えをしたんだ。このとき、マイクロソフトやインテルといったナスダックの有力銘柄が採用されたんだよ。日経平均の場合は、二〇〇〇年四月にこの入れ替えをしたんだよ。思い切って三〇銘柄入れ替えたんだ。産業の勢いというか、いまの経済の実態をきちんと反映するようにしなければいけないと考えたんだよ。こんどの新旧入れ替え銘柄をならべてみると、産業の移り変わりがよくわかるね。除外された銘柄をみると、長い間赤字をつづけており、代表銘柄としての資格をとうに失っているものなんだよ。これに対し、こんど採用された銘柄は、花王、カシオ計算機、イトーヨーカ堂、ＮＴＴドコモといった時代の花形株が採用されているね。

美香　この銘柄の入れ替えも、除数を修正して日経平均を算出するんですか？

教授　もちろんだよ。

ジュリア　相場の動きをみるときに使われている指数は、この日経平均だけなんですか？

教授　いや、ほかにもあるんだ。市場の動きはいろいろな角度から多面的にみるべきなんだよ。ニュースにも報じられる東証株価指数ＴＯＰＩＸなどの時価総額指数も相場動向をみるのに使われているが、あまりなじみがないようだ。相場観や景気動向をつかむには、歴史が長く、わかりやすい日経ダウ平均のほうがよく使われているようだね。それに最近、毎日新聞が日経の向こうを張って、「Ｊ三〇」（ジェイ・サーティ）という株価指数をつくったんだよ。これは、日経平均とはちがって、アメリカのダウ平均と同じ三〇銘柄でつくったんだ。さっきのはなしにもあったように、毎日は、銘柄数は多ければ多いほどよいということじゃな

●ＴＯＰＩＸ
東証株価指数のこと。六八年一月四日の株価を一〇〇として、東証一部上場企業の株価の時価総額の動きを指数で表わしたもの。日経平均株価よりも株式市場全体の値動きを正確に表わしている。

いよ、うちの考えはちがうよ、ということをアピールしたかったんじゃないかなぁ。

美香　時価総額指数って……？

教授　株価に発行株式数を掛けたものを時価総額というんだが、東京証券取引所一部に上場されている全銘柄についてその時価総額を計算して、その結果を六八年を一〇〇として指数化したものなんだよ。株価の実態を正確に反映しているといわれているがね。

良太　ジェイ・サーティなんて、かっこいいネーミングですね。これって、評判いいんですか？

教授　さぁ、その評価はこれからだね。

2　投資信託ブームをウォッチする

投資信託って何？

教授　ところで美香は、投資信託ということばは知っているよね？

美香　ええ、新聞などの広告によく出ていますから知っていますが、でもその内容についてはほとんど知りません。

教授　それじゃ、こんどは、この投資信託についてちょっとはなしてみようか。いま（二〇〇〇年）国内の投資信託で運用されているマネーの合計金額はおよそ六〇兆円、これまでの最高金額だそうだ、また、ある証券会社の投資信託などは一兆円の資金を集めたそうだから、投資信託はブーム的人気の金融商品といっていいね。

ジュリア　どうして投資信託に人気があるんでしょうか？

教授　それにはいろいろな理由があるが、少なくともいえることは預金につく利子があまりにも低いということだよ。銀行などに預金しているほとんどの人は、その低さに不満を持っているんだ。だから比較的安全で収益的に魅力的な運用先があれば、いつでもそこへ資金を流し込む環境にあるんじゃないかな。ここに投資信託の出番があったということだよ。

美香 先生、投資信託って、何なんですか？

教授 そうだね、投資信託というのは、証券会社や銀行がたくさんの投資家から資金を集め、集まった資金をひとつにまとめるんだよ。このまとめたものをファンドというんだ。このファンドを使って、ファンド・マネージャーと呼ばれる資金運用のプロが国内外のいろいろな株などを組み合わせて買う。そしてその値上がり益を稼ぐ。この稼ぎの成果をお金を出した投資家に還元する金融商品のことをいうんだ。

良太 投資家のお金を投資家に代わってプロの人が運用するんですね。

教授 そういうことだ。

良太 それじゃ、投資信託って、株なんかの知識があまりない人でも手軽に買えるんですね。

教授 そうだね。しろうとの個人が株を買うのは、情報や知識が乏しいと、けっ

投資信託 投資家から集めた資金を「ファンド」というかたちにまとめ、投資信託会社が投資家に代わってその資金を運用する金融商品。投資家の利益は、ファンドの基準価格の値上がり益のほか、収益分配金として還元されるものがある。ただし、運用に失敗すれば、損失分は投資家が負担する。

こうリスクが高いだろう。その点、投資信託を買えば、自分のお金をプロに任せておけるからね。そうすると自分で株を買うより損をする可能性が低くなるというわけなんだ。

美香　プロのファンド・マネージャーに自分のお金を信じて託するわけですね。

教授　うまいことというじゃない。そういうことだよ。それに、インターネット関連株を買いたくても、そうした株の値段がべらぼうに高く、個人ではなかなか買えないことがあるよね。でも、投資信託ならみんなでお金を出し合うわけだから、こういう高値の株でも買えるようになるんだ。

美香　投資信託って、うまくできているんだ。

教授　そのうえ、投資信託は、集まったファンドでいろいろな株に分散して投資するから、ある株が値下がりしても、あるいはある業種が振るわなくなっても、全体への影響は少なく、リスクを分散することができるんだ。

良太　一つ一つの株をべつべつに買うよりもリスクが小さくなるということですか？

教授　そうだよ。このことが投資信託の大きな利点といわれているものなんだ。九九年の後半、情報関連産業の株価が大きく値上がりしたんだが、こうした会社

●**分散投資**
一つの銘柄株を大量に買うのではなく、いろいろな銘柄の株や債券などに資金を分散して投資することでリスクを減らす。投資の世界の常識。少額の資金で分散投資ができる、これを可能にしたのが投資信託である。

の株を買っていた投資信託も当然のように値上がりするよね。証券会社あたりがこの成果をバンバン広告でＰＲしたんだよ。美香はその広告をみたんじゃないかな。こういう広告などで多くの人たちが投資信託に資金を回すようになったんだ。いろいろな投資信託がつぎつぎと売り出され、それによって株式市場に資金が流れ込み、株価がさらに値上がりすることになったというわけだよ。

美香　先生、投資信託も値上がりするといわれたんですが、投資信託の値段ってどういうものなんですか？

教授　投資信託の値段というのは、一口あたりの値段のことで、基準価格というんだ。これも株価と同じく日本経済新聞の証券欄に載っているよ。なかでもオープン基準価格は投資信託を買うときの一つの目安になる指標なんだ。

ジュリア　オープン基準価格ってどういうことですか？

教授　投資信託にはね、いつでも売ったり買ったりできるオープン型と売り出し期間などが決められているユニット型の二通りのものがあるんだよ。値上がりしたときにすぐ売って利益を稼ごうとするなら、この基準価格をしっかりとみておく必要があるわけだ。

美香　オープン型投資信託を買う場合、いま基準価格がどのくらい値上がりした

●**基準価格**
投資信託が一口いくらで買えるのかを表わす。日経の証券欄に載っている。

のか、一目でわかる指標があれば便利ですね。そういう指標ってないんですか？

教授　あるんだよ。これも日経新聞の日曜版に載っているんだ。騰落率《とうらくりつ》というのがそれだよ。たとえば、基準価格が一万円だった投資信託が六ヵ月経って一万三〇〇〇円に上昇したとすると、そのとき基準価格は六ヵ月間で三〇％上昇したことになるね。この三〇％が騰落率というわけだ。

良太　騰落率というんですから、基準価格が下がったらマイナスの数字で示されるんですか？

教授　そうだよ。だから、騰落率を指標として利用するときは、その投資信託が今後どのくらい値上がりするかをみるためではなく、その値幅、値段が上下する範囲のことだね、それがどの程度あるかをみるためなんだよ。

ジュリア　投資信託の値段が上がったり下がったりするということは、株と同じで投資信託も元本が保証されてないということになりますね。

教授　そうなるね。リスクはちゃんとあるんだよ。だからバブルがはじけたときなんかは、投資信託の値段も元本割れがあいついで出たんだ。

ジュリア　先生、投資信託を買うとき、値段の動きをみる、そのための指標として基準価格や騰落率があるということはわかったんですが、この投資信託にいま

●**騰落率**
過去のある期間における基準価格の値上がり率または値下がり率を示す。日経の証券欄に載っている。騰落率をみることでその投資信託の値幅がどのくらいあるかを判断する。

どのくらいのマネーが投資され、その運用の結果がどうなったのか、こんなことが一目でわかる指標はあるんでしょうか？

教授　あるよ。ジュリアの望みにばっちりな指標があるんだ。純資産残高というのがそれだよ。これも日経新聞の日曜版に載っている。純資産残高の大きい投資信託は、たくさん買われており、運用実績もよいとみられているんだ。

美香　先生、ちょっと初歩的なことなんですが、投資信託って、どこで売ってるんですか？

教授　もともとは証券会社がほとんどだったんだが、九八年の一二月からは全国の銀行の窓口でも販売できるようになったんだ。証券会社の店舗数は全国で二七〇〇くらい、それにくらべ銀行のほうは一万六〇〇〇ほどあるんだよ。こうした販売網の急速な拡大も投資信託に資金が集まるようになった理由の一つといわれているんだよ。

良太　さっき先生は、プロのファンド・マネージャーが集めた資金をいろいろな株などに投資するといわれたんですが、どのようにしていろいろな銘柄の株を組み合わせて投資信託をつくるんですか？

教授　投資家にもいろいろなタイプの人がいるよね、大損をするリスクがあって

◎**純資産残高**
投資信託の購入総額とその運用による増減額の合計。この大きさによって、その投資信託がどのくらい買われているか、運用実績はどの程度かを判断する。日経の証券欄に載っている。

も大もうけができるほうがよいと考える人、大もうけするチャンスは少なくても大損するリスクは避けたいという人などいろいろあるね。プロのファンド・マネージャーはこうした投資家のいろいろな要望に応じて投資信託をつくるんだよ。

ジュリア　それじゃ、投資信託にはいろいろなタイプのものがあるんですか？

教授　そうだよ。大もうけを狙う投資家にはハイリスク・ハイリターン型の投資信託が魅力的だし、手堅くお金を運用したい投資家にはローリスク・ローリターン型の投資信託が魅力的になる。また、こうした両端の中間としていろいろな形の投資信託をつくって投資家を募集するんだ。

美香　ということは、ファンド・マネージャーはどういう銘柄の株をどのくらいずつ組み合わせるかでいろんな投資信託をつくって売るんですね。

教授　そういうことだよ。組み合わせるのは株だけじゃないんだ。国債などの債券、それに、これは明日のはなしで取り上げるが、デリバティブという金融商品なんかも組み合わせに入れるんだよ。いま美香がいったように、どういう種類の株や債券などをどのくらいずつ組み合わせて購入するか、これこそファンド・マネージャーの腕の見せどころなんだが、これを「ポートフォリオを組む」というんだよ。

●公社債投信
国債や地方債、社債などで運用している投資信託。株式にくらべ債券は値動きが安定しているので、リスクが小さく、預貯金感覚で利用されている投資信託。よく知られているのに中国ファンドがある。

●ポートフォリオ
株や債券などに分散して投資する際の株や債券などの組み合わせのこと。どう組み合わせるかで、どれだけリスクをとるか、どのくらいのリターンを目指すのかを決める。これを「ポートフォリオを組む」という。

ジュリア　先生、そのポートフォリオというのは、どういう意味のことばなんですか？

教授　語源をたどればいろいろあると思うが、そうだなぁ、こういおうか。フォリオという語は紙ばさみということは、ジュリア、知っているよね。つまりだ、この紙ばさみにしまわれたいろいろな株などの組み合わせ、これがポートフォリオということばの意味と理解したらいいんじゃないかな。

ジュリア　それをどう組むか、これがファンド・マネージャーの仕事なんですね。

教授　そういうことだね。ファンド・マネージャーは、超むずかしい数学やコンピュータを駆使して、どのくらいのリスクでどのくらいの利益が得られるかを計算して投資信託の中身をつくるんだよ。良君の質問には、いまはこの程度しか答えられないんだが、これでいいかな？

良君　ハイ、十分です。これ以上追求すれば、ぼくの頭がパニックになりそうですから……。

美香　ファンド・マネージャーって、金融について高度な知識や技術を備えていなければ勤まらないんですね。

●ハリー・マーコビッツ
ポートフォリオの理論的研究で有名。投資家がそれまで直感的に行っていた「広く」「まんべんのない」投資には何か科学的な根拠があるにちがいないと着想し、研究を進めた。この分散投資の研究での功績が認められ、九〇年にノーベル経済学賞を受賞。

教授　そういうことだ。だから、優秀なファンド・マネージャーほど高給取りで、スター的存在なんだよ。
良太　ファンド・マネージャーは証券会社や銀行に勤めている人なんですね。
教授　いや、ちがうんだ。ファンド・マネージャーは投資信託会社と呼ばれる会社にいるんだ。もう少していねいにいうとね、じつは、証券会社や銀行は投資信託を売るだけの仕事をしているんだ。銀行などで集められたファンドは信託銀行に預けられるんだよ。そのお金の運用を任されているのが投資信託会社というわけだ。
ジュリア　ファンドを買った人の収入はその値上がり益だということはわかったんですが、売った側の証券会社などの収入はどうなるんですか？
教授　証券会社など売った側は、まず集めたお金の三％の販売手数料をいただくんだ。
美香　だったら、さっき先生がおっしゃった一兆円集めた投資信託の場合ですと、三〇〇億円の収入ということになりますね。悪くない収入ですね。
教授　まだあるんだよ。それは信託報酬というものだ。つまり、ファンドの運用に対する報酬のことなんだが、それが年間で一・五％前後あるんだ。さっきのファンドの場合だとそれが一・九％になってるね。
良太　ということは、年間一九〇億円ということですか。ますます悪くないな。
ジュリア　投資信託を買うと、たくさんの手数料を払うことになるんですね。
美香　売った側からみれば、それだけおいしい金融商品っていうわけよね。
教授　そうなんだ。それに最近は、ネットでの株取引も広がってきて、株の売買手数料はどんどん下がってきているね。それにくらべて、投資信託だと、三％の販売手数料が見込めるから、これに乗じてセールスマンのなかに顧客の投資家につぎつぎ投資信託を乗り換えさせるよう勧誘する者もいるそうだよ。
ジュリア　手数料稼ぎですね。いけないですよね。投資家も用心しなくちゃ。

エコファンドと社会的責任投資

教授　美香、もしもだよ、自分が銀行に預けたお金がいろいろ問題になった商工ローンへの融資などに使われていたとすれば、どういう気持ちになるかな？
美香　絶対いやですね。
教授　それなら、こんどは働く女性を支援する商品をつくっている会社なら、ど

◎**商工ローン**　貸金業者が零細自営業者向けに無担保・連帯保証人付きで、短期の運転資金を融資するもの。九〇年代、商工ローン業者は、貸し倒れを避けるため、高額の追加融資枠を包括保証する根抵当保証契約を結んで、連帯保証人に高圧的な取り立てを行ったことで被害が続出、社会問題になった。

うかな?

美香　そういう会社ならどんどん融資してほしい、そう思います。

教授　そうだよね。どうせなら、自分の価値観に見合った会社への融資に使ってほしいよね。株式への投資だって同じじゃないかな。自分が投資した会社が平気で環境を壊していたり、消費者の健康を害していたりしていたことがわかったら、株主のなかにもちょっといやな気持ちを抱く人が出てもおかしくないと思うんだが、良君がこの会社の株主だったら、どう思うかな?

良太　いやです。ぼくが大株主だったら、経営者をきびしくしかりつけます。

教授　アメリカ東部のボストンにトリリアム・アセット・マネジメントという資産運用会社があるんだが、この会社はね、顧客から預かったお金を運用する際、投資を通じて顧客に利益をもたらしつつも、社会に対しきちんと責任を持つ会社を選んで投資するんだ。だから、さっき良君もいやだといったような会社の株に投資していたら、その会社をきびしく糾弾《きゅうだん》し、場合によっては株を売却してしまうんだよ。こういう考えで投資することを社会的責任投資というんだ。

ジュリア　もうかるならどんな株でもいいというんじゃないんですね。で、この会社、投資家に受け入れられてるんですか?

教授　はではないが、けっこう人気があるそうだよ。もともとこういう考えは、二〇世紀初頭、教会資産を酒、たばこ、ギャンブル関連の会社に投資しないという方針を内外に打ち出したキリスト教のある宗派にルーツがあるんだが、今世紀も終わりにさしかかると、それが投資信託にも反映してくるんだ。社会的責任投資型の投資信託が広まってきたんだよ。エコファンドはその典型的なものだね。

美香　先生、エコファンドのエコって、エコロジィーのエコでしょ。ということは、エコファンドというのは、環境問題に熱心に取り組んでいる会社の株に資金運用する投資信託ということですか？

教授　そういうことだよ。元祖はアメリカだが、日本にも九九年の夏ごろからあいついで売り出された。環境への取り組みに優れた会社の株に投資することをうたい文句にね。

良太　人気はあるんですか？

教授　いまのところあるね。一五〇〇億円ほど資金が集まったそうだよ。それにこれからも、この種の投資信託伸びるんじゃないかな。なにせ自分の価値観にあった株をプロによって選んでもらえる、それもリスクをできるだけ避けながらね。

美香　環境というテーマをかかげた投資信託というわけですね。環境以外のテーマをかかげた投資信託もあるんですか？

教授　いろいろあるね。たとえば、さっき美香も賛成した働く女性を支援する商品をつくっている会社などの株を中心に運用する投資信託なんかもあるんだ。新光証券が売り出している「アクティブ・レディース・ファンド」（ファンド小町）などがそれだよ。これ以外にもＩＴ関連株中心とかバイオ関連株中心とかをテーマにしたものもあるね。ただね、日本ではこの種のファンドはまだはじまったばかりだが、アメリカではけっこうバラエティに富んだものがあるね。たとえば、社員の待遇や福利厚生、人員削減の数、経営者の報酬が高すぎないかなど、労働者の味方度を基準に、労働者にやさしい会社を選んで投資するファンドもあるんだ。資金を集めたければ、従業員にやさしくしなければいけないよ、というわけだね。

美香　労働者にやさしい会社に投資するのも社会的責任投資というわけですね。日本にも、こういった社会的責任を基準に選んだ投資信託がどんどん登場してほしいと思うわ。

良太　学生に親切な大学に資金を運用する投資信託なんてどう？　けっこういけるんじゃない。

美香　その親切って、勉強しなくても卒業させることじゃないでしょうね。

良太　当然だよ。

４０１K年金って何？

教授　ところでジュリア、君の母国の「４０１K年金」って知ってるかな？

ジュリア　名前くらいなら知ってますが、くわしい内容までは知りません。日本でも、近くこの日本版が導入されるそうですね。新聞の記事で読みました。

教授　そう。じつはこの４０１K年金というのは、株で運用するタイプの投資信託を広く普及させたんだよ。アメリカの株高をもたらした原因の一つともいわれているんだ。

美香　その４０１K年金って、どういうものなんですか？

教授　この年金は、アメリカの税金に関する法律の４０１条のK項にもとづいてつくられたものなんで、４０１K年金と呼ばれているんだよ。つまりだ、まず社

アメリカの投信ブーム
外電によると、二〇〇〇年六月末でアメリカで投資信託を保有する世帯数が全世帯のおよそ半分を占めるようになり、４０１Kなど確定拠出型年金などを通じて着実に投資信託のすそ野が広がったという。

員があらかじめ決められた金額を払い込むんだ。それに会社が資金を上乗せする。この合計金額を、社員が自分でこれと思う投資信託に運用して、老後に使う資金を稼ぐ、これが４０１K年金のしくみなんだよ。

美香　ちょっと待ってください。それじゃ、運用に失敗したら老後の資金がなくなるということですか？

教授　そういうことだよ。将来受け取れる金額は本人しだいなんだ。払った金額はあらかじめ決められているんで、この４０１K年金は、よく「確定拠出型《かくていきょしゅつがた》」年金といわれているんだよ。

ジュリア　払い込む金額はあらかじめ決めておくということですが、それってだれが決めるんですか？

教授　それも本人だよ。給与の何％というかたちで自分で決めるんだ。

ジュリア　それじゃ、４０１K年金って、自分のお金を投資するということなんですね。

良太　会社が出す資金も一部あるんじゃないかな。

ジュリア　それだって、結局はちがったかたちでもらう給与といえるでしょ。

美香　そうそう、ジュリアのいう通りだと思うわ。この年金って、自分の稼いだお金を自分で運用して老後の生活資金を自分で用意するという、すべて自己責任の年金なんだ。きびしいなぁ……。ジュリア、アメリカ人って、こういった年金好きなのかな？

ジュリア　けっこう人気があるみたいよ。

教授　アメリカにもいろいろな年金があるんだが、この４０１K年金への加入は、最近の株式市場の好調さも手伝ってぐんぐん増えているんだ。九八年度でいえば、この年金残高はおよそ一兆四〇七〇億ドルになっているね。つまり、これだけの年金資金が投資信託を通して株式市場に流れ込んでいるというわけだね。

美香　それがアメリカの株高をもたらした一因というのですね。

教授　そういうことだ。

良太　さっきのジュリアのはなしだと、このタイプの年金が近く日本にも導入されるということですが……。

教授　「日本版４０１K」というものだね。その導入をめぐって盛んに議論されているね。

美香　どうしてこのタイプ、確定拠出型年金というんですか、それを日本でも取り入れようとしてるんですか？

教授　いまある日本の年金のしくみは、将来いくら年金が受け取れるかが本人の月収や在職年数などであらかじめ決められているんだよ。このタイプの年金を「確定給付型」の年金というんだ。しかし、今後少子化、高齢化が急速に進むと予想されているよね。それで、君たちのような若い世代、まあ三〇代以下の人たちになるが、そういう人たちは、じつは払い込んだ額よりも少ない金額しか受け取れないんだよ。これは確実な見通しなんだ。

美香　それじゃ、三〇代以下の人たちにとっていまの年金ってあまり魅力ないですね。

教授　そうなんだ。だから、年金の払い込みを拒否する若者まで現われてるんだよ。日本の年金は見通し暗いんだ。そこで、日本にも、将来いくら受け取れるかは、本人の才覚にまかせる、アメリカの４０１Ｋ年金のようなものを取り入れたらどうかという議論が盛んになったんだよ。

ジュリア　で、導入は確実なんですか？

教授　政府では、二〇〇一年はじめに導入したいと思ってるようだがね。でも、なかなかむずかしいんじゃないかな。もっともっと議論して、国民の合意をしっかり取り付けなければならないからね。

増える投資の実践教育

ジュリア　先生は導入にちょっと消極的なようですね。どうしてですか？

教授　それはね、もうすでに導入されているアメリカとどこがちがうかを考えればすぐわかるんじゃないかな。たとえばジュリア、君の場合、ジュニア・スクールのころからお金について、ひょっとすると株なども、授業で教えられたんじゃないの……。

ジュリア　ハイ。それからジュニア・ハイスクールでも、またハイスクールのときは株式市場での売買のしかたなんかもちょっとですが学びました。

教授　そうだろ。美香や良君は授業でこんなこと学んでないんじゃないかな。

美香　ハイ。学んでません。

教授　だから、日本でこうした４０１Ｋ年金のようなしくみを取り入れようとしても、その土壌はアメリカとまったくといってもいいほどちがうんだよ。ほとんどの日本人は自分の資産を運用するといってもまだ預金をするといった段階なんだ。投資信託、ましてや株といったかたちで資産運用する人は資金に余裕のあるほんの一部の人だけなんだよ。だからね、まだ投資信託なんかについて知識も経験も十分ない大部分の人たちの前に４０１Ｋタイプのしくみの年金を持ち出してもうまくいかないと思うよ。

美香　わたしもそう思います。でも先生、いまの確定給付タイプの年金がパンクするのが確実なら、いずれはアメリカのように４０１Ｋタイプのものも考えないといけないと思いますね。これって、意外に若い人に受けるかもしれない……。

良太　ぼくもそう思う。少ない拠出額でたくさんの老後資金が稼げるチャンスがこの４０１Ｋにはあるからね。

教授　美香や良君がいうように若い人たちには比較的抵抗感が少ないかもしれないね。それはそれでいいんだが、それにはきちんと資産運用の基礎知識をしっかり学んでおく必要があると思うよ。

良太　ぼくの予備校仲間のなかにやけに株にくわしいやつがいるんです。そいつに聞いてみると、高校の授業でパソコン使って株投資の実験みたいなものをやったというんです。先生、これなんかも将来役に立つ知識が得られるということですね。

教授　そうだと思うね。いま良君がいったようなパソコンを使って株投資や株式市場の知識を学ぶ授業がどんどん増えているようなんだ。東京証券取引所によると、こういった授業を取り入れた学校が九五年は一五校、一三〇〇人ほどだったのが、九八年には四五二校、二万七三〇〇人ほどまで増えたそうだよ。これからもますます増えていくと見込んでいるみたいだね。「こどもに株のことなんか教えるなんてちょっと邪道じゃないの」、「証券業界の陰謀《いんぼう》に学校は踊らされてる」といった批判もあるが、ぼくはちがう考えだね。こうした株の仮想売買ゲームを通じて株式市場や経済の正しい知識、それに自分に適した貯蓄や投資ができる感性みたいなものを身につけられればすばらしいことだと思うね。

ジュリア　わたしもそうだと思います。先生のゼミでは、こういった仮想ゲームは取り入れてるんですか?

教授　一部のゼミ生が証券会社や日経などの株の仮想売買ゲームを使って証券経済の研究をしているみたいだね。これからはもっと授業でも取り入れたらいいかなとは思っているんだが……。

美香　これからは日本でも学校教育のなかで投資教育をどんどん進めるべきだと思うわ。近い将来、年金のしくみが投資信託や株式市場と密接な関係になりそうだなんて、はじめて知ったわ。

教授　それに、最近、株式ポートフォリオが異なるファンドをいくつか用意し、投資家それぞれの人生設計に応じて選択、乗り換えができる株式投資信託が売り出されるようになった。長期運用での老後の資産形成が目的で、そのときどきの年齢や収入事情によるリスク許容に応じた運用ができるのが特徴となっている。新聞などでよく「ライフサイクル型ファンド」と呼ばれているのがそれだ。

ジュリア　このライフサイクル型投資信託、保険よりも収益性が高そうで、ひょっとするとヒットするかもしれませんね。ヒット狙いで売り出したんですか？

教授　それもあるかもしれないが、こういう投資信託が売り出されるようになった背景には、おそらくこれから導入される予定の４０１K年金日本版の存在があると思うね。証券会社や銀行は、年金運用に個人が投資信託を選択する方式が取り入れられる際の運用商品を、制度導入に先立って売り出したんだよ。こういう動きをみても、高校生や大学生に株式や投資信託の基礎知識を学ぶ場を用意するのはいまや急務といってもいいんじゃないかな。

美香　そうしないと、証券会社や銀行の営業員に振り回されるだけに終わっちゃって、損するのは消費者だけ……ということになりかねない、そういうことですね、先生。

教授　そういうことだね。

3　株価で会社の経営実態をみる

株価純資産倍率（PBR）って何？

ジュリア　先生、株価を動かす要因の一つに会社の経営状況があるっておっしゃったんですが、まだおはなしのなかに出てこないんです。

教授　そうか、じゃ、そのはなしに移ろうか。

といいながら、手元の紙袋のなかから一枚のコピー用紙を出し、テーブルの上に置いた。

教授　これは日経記事の「マーケット総合面」の一部をコピーしたものだ。このなかには、いろいろな株式指標がぎっしり詰まった欄があるんだ。このコピーは五月二日付のその欄なんだよ。

美香　ほんとうだ。この欄をみるだけで株についていろんな情報がわかるんですね。でも、むずかしそう……。

株価指標（2000年5月2日マーケット総合一面）

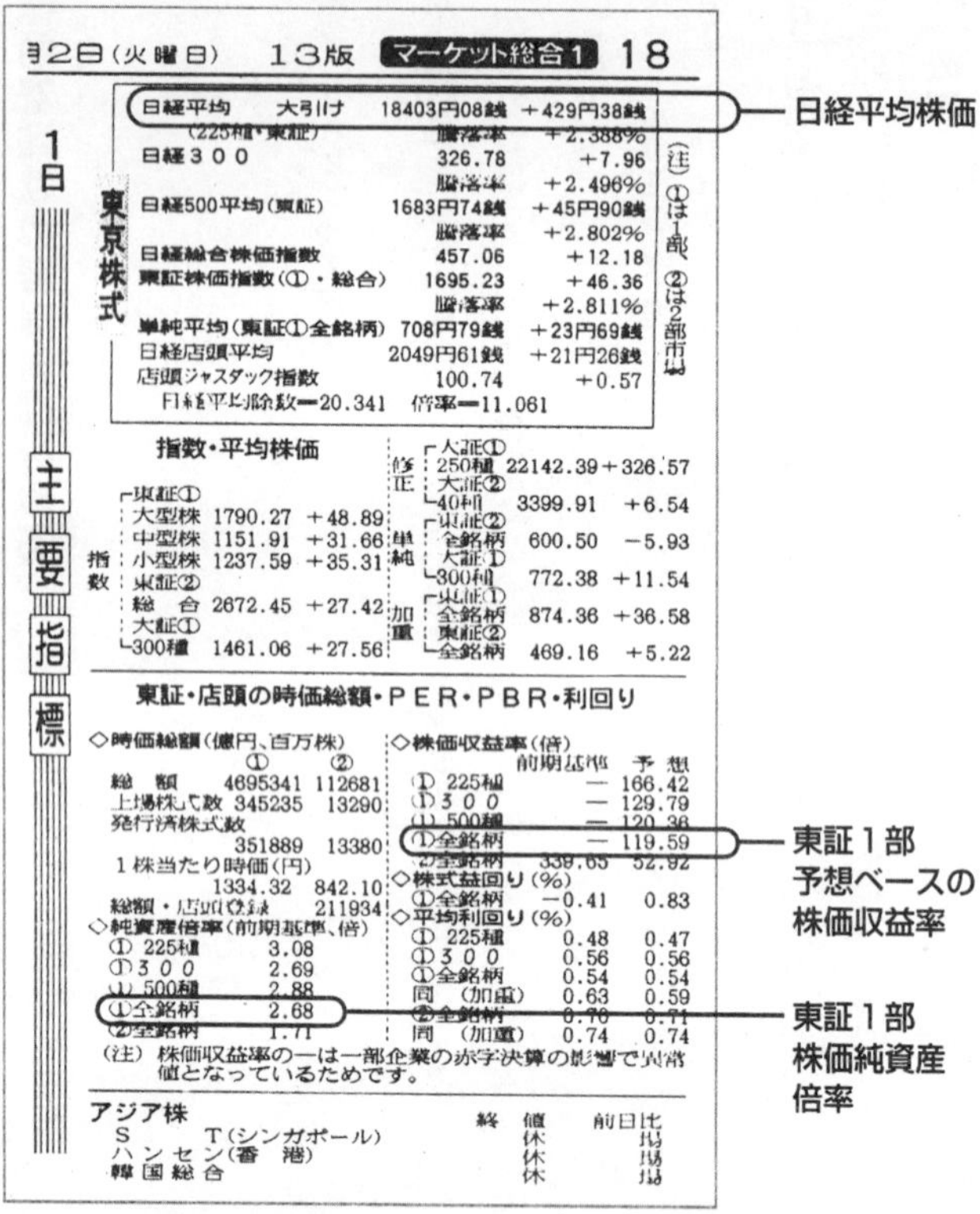
月2日（火曜日）　13版　マーケット総合1　18

1日　東京株式

日経平均　大引け（225種・東証）	18403円08銭	＋429円38銭
騰落率		＋2.388%
日経300	326.78	＋7.96
騰落率		＋2.496%
日経500平均（東証）	1683円74銭	＋45円90銭
騰落率		＋2.802%
日経総合株価指数	457.06	＋12.18
東証株価指数（①・総合）	1695.23	＋46.36
騰落率		＋2.811%
単純平均（東証①全銘柄）	708円79銭	＋23円69銭
日経店頭平均	2049円61銭	＋21円26銭
店頭ジャスダック指数	100.74	＋0.57

日経平均除数＝20.341　倍率＝11.061

（注）①は1部、②は2部市場

主要指標

指数・平均株価

指数	東証① 大型株	1790.27	＋48.89
	中型株	1151.91	＋31.66
	小型株	1237.59	＋35.31
	東証② 総合	2672.45	＋27.42
	大証① 300種	1461.06	＋27.56
修正	大証① 250種	22142.39	＋326.57
	大証② 40種	3399.91	＋6.54
単純	東証② 全銘柄	600.50	−5.93
	大証① 300種	772.38	＋11.54
加重	東証① 全銘柄	874.36	＋36.58
	東証② 全銘柄	469.16	＋5.22

東証・店頭の時価総額・PER・PBR・利回り

◇時価総額（億円、百万株）

	①	②
総額	4695341	112681
上場株式数	345235	13290
発行済株式数	351889	13380
1株当たり時価（円）	1334.32	842.10
総額・店頭登録		211934

◇純資産倍率（前期基準、倍）

① 225種	3.08
① 300	2.69
① 500種	2.88
①全銘柄	2.68
②全銘柄	1.71

◇株価収益率（倍）

	前期基準	予想
① 225種	—	166.42
① 300	—	129.79
① 500種	—	120.36
①全銘柄	—	119.59
②全銘柄	339.65	52.92

◇株式益回り（%）

①全銘柄	−0.41	0.83

◇平均利回り（%）

① 225種	0.48	0.47
① 300	0.56	0.56
①全銘柄	0.54	0.54
同（加重）	0.63	0.59
②全銘柄	0.70	0.71
同（加重）	0.74	0.74

（注）株価収益率の一は一部企業の赤字決算の影響で異常値となっているためです。

アジア株

	終値	前日比
ST（シンガポール）	休	場
ハンセン（香港）	休	場
韓国総合	休	場

株式市場の動きを知るには『日経』の「マーケット総合面」にある株価指標が便利
出所）日経ウーマン編『働く女性に日経新聞の読み方』日経ホーム出版社　73ページ

教授　それほどでもないよ。ちょっと勉強すればだいじょうぶ。わかるようになるよ。良君、その欄に純資産倍率というのがあるだろう。

良太　あります。全銘柄二・六八となっています。

教授　これはね、株価純資産倍率、よくPBRと呼んでいるが、それなんだ。

ジュリア　PBRって、何の頭文字なんですか？

教授　Price Book-value Ratio の頭文字だよ。これは株価が一株あたり純資産の何倍になっているかを示す指標なんだ。

美香　うーん、ちょっとわかんないな。先生、その純資産って何のことですか？

教授　それはね、株主が払い込んだおカネにこれまでの利益の積み立て分を加えたものなんだ。簡単にいえば、会社があらゆる借金を支払ったあとに残るお金、会社の正味の値打ち、仮に会社を解散したとしたら株主に分配されるお金、つまり株主の持ち分のことだよ。一株あたりのこの金額を算出すれば、それは株主からみた一株あたりの会社の値打ちといえるわけだ。

美香　でも、この数字、どう計算するんですか？

教授　いや、別に計算しなくてもいいんだよ。会社のいろいろなデータをコンパクトにまとめた『会社四季報』のなかに会社ごとに載っているからね。

◎会社四季報
一九三五年創刊。すべての株式上場・公開企業の業績や財務体質の変化、株価指標や株価チャートなどの情報を網羅した会社情報誌。株式投資家の投資先情報源としてはもちろん、会社に勤めるサラリーマンにとっても、取引先企業の経営環境の情報源として便利に活用されている。また学生も、就職活動の際の会社研究に活用している。

といって、教授はポケット版のちょっと分厚い資料を取り出した。表紙には『会社四季報二〇〇〇年夏号』と書かれていた。

教授　そこの三四頁を開いてくれるかな。そこに日本水産のデータ一覧が載っているだろ。えーと、ここをみてごらん。ＢＰＳ二七四となっているね。これが日本水産の一株あたりの純資産の数字なんだよ。

美香　なぁーんだ、その『会社四季報』さえあれば、計算しなくて済むんですね。

教授　そうだよ。株価をこのＢＰＳで割ったものがＰＢＲなんだよ。

美香　先生、日本水産の株価はいくらくらいですか？

教授　いま現在の株価はわからんが、六月中旬あたりで一八四円くらいじゃないかな。

【業績】(百万円)	売上高	営業利益	経常利益	利益	1株益(円)	1株配(円)
98.3連	477,090	768	153	6,355	21.4	BPS255
99.3連	442,998	2,032	▲928	▲2,794	—	BPS245
00.3連	472,297	9,287	7,597	5,064	17.0	BPS274
01.3連予	490,000	—	9,000	5,000	17.2	—
99.9中	164,091	3,924	3,135	1,884	6.3	0
00.9中予	160,000	—	3,500	1,500	5.2	2.0

BPS274 ― 1株あたり純資産

17.2 ― 1株あたりの予想純利益

（『会社四季報』2000年夏号より）

『会社四季報』でみる日本水産の業績

東京第1部　6月19日（月曜日）

銘柄	始値	高値	安値	終値	前日比	売買高
水産・農林						
・極洋	158	159	153	153	▲3	165
・ニチロ	178	180	176	178	▲2	360
・日水	184	188	182	184	▲5	658
・マルハ	155	156	153	156	△1	242
Aコカウエスト	3200	3230	3160	3190	▲10	22.3
・カルピス	564	568	560	567	△2	47
ポッカ	440	447	440	447	△14	42
A伊藤園	7660	7800	7520	7620	△160	107.6
Aキーコーヒー	1434	1436	1434	1436	△9	2.8
・キリンビバ	2590	2600	2510	2580	▲50	67
Eアサヒ飲料	1200	1210	1170	1178	▲32	48.0
・ホーネン	190	193	185	193	▲1	292
・日清油	368	374	368	371	△3	122
吉原油	305	306	295	302	▲8	43

『会社四季報』でみる日本水産の株価は『日経』の株式面をみればわかる

美香　とすると、日本水産のＰＢＲはおよそ〇・七倍になりますね。この計算結果、どう読めばいいんですか？

教授　一倍より低い数値になっているね。会社の正味の値打ちより株価が安くなっているということだね。こういう場合、会社の資産内容からみて、株価は割安になっている、簡単に割安株というんだ。こういう割安株に注目して投資するのをバリュー投資といい、一つの投資スタイルになっているんだよ。それじゃ、こんどは、良君、オービックという会社のＰＢＲを計算してもらえるかな。この会社はね、インターネット関連の会社として注目されている会社なんだ。

良太　わかりました。ちょっと待ってください。………計算しました。およそ六・五倍になります。

教授　ごくろうさん。こんどは一倍よりだいぶ高い数値になったね。オービックの場合、株価はかなり割高になっているといえるね。会社の業績と株価が持続的に伸びてきた株という意味で、こういう割高の株を成長株というんだ。

美香　先生、ＰＢＲの数値がちょうど一倍になる場合を標準に株価は割安とか割高になっているというんですか？

教授　そうだね。ただ、資産内容からみてのはなしだけどね。ただ、ＰＢＲは一倍を上回るというのが広く認められている考え方だね。

株価収益率（PER）って何？

教授　良君、PBRの右に株価収益率となっているところがあるだろう。

良太　あります。全銘柄一一九・五九となっています。

教授　これは、よくPERと呼ばれているものだが、株価が利益の何倍になっているかを示すものなんだ。

美香　PERって、何の頭文字なんですか？

教授　あ、そうか、ちゃんといわないといけないよね。これは、Price Earnings Ratio の頭文字なんだ。

ジュリア　先生、ここに

といいながら、その個所を指さし、

ジュリア　予想と書いてありますが、どういうことですか？

教授　このPERは、株価を一株あたりの利益で割って求めるんだが、このとき、分母となる一株あたりの利益は、前期の利益の実績をもとにせず、もっとも近い将来の決算の予想利益からはじき出すんだ。それで、予想とあるんだよ。

ジュリア　じゃ、PERって、いまの株価が将来の利益の何倍になるかを示すことになるんですね？

教授　そういうことだよ。もしある会社のPERが五〇倍だとすれば、この会社のいまの株価は近い将来の利益の五〇倍の評価になっているということだ。

良太　じゃ、全銘柄で一一九・五九倍ということは、いまの株価は、平均でみて、将来予想される利益の一〇〇倍以上の評価になってるということですか。ちょっと評価しすぎって感じがするなぁ。

教授　たしかに良君がいうように、そういう感じがするね。三〇倍くらいが普通といわれているんだ。アメリカでは、現在そのくらいなんだよ。

美香　最近の日本の株価は利益にくらべ高くなりすぎているということですか？

教授　そういうことだ。それを割高というんだ。ただ、ここでの割高というのは、さっきのPBRとはちがって、利益面からみて割高ということだがね。

美香　日本の株が割高ってことはわかったんですが、これってどういう意味なんですか？

教授　日本の会社の経営業績が株価の動きに追いついていけない、いいかえると、会社の経営業績が大幅に改善しないと、現在の高い株価は説明できないということだよ。

美香　それって、もしかしたら、経営業績が改善しないといまの株価は将来下落するかもしれないということかしら？

教授　そういうこともいえるね。

美香　先生、個々の会社のＰＥＲを計算するにはどうしたらいいのですか？

教授　『会社四季報』を使えばいいんだ。さっきの日本水産のケースで計算してみようか。ほら、ここの二〇〇一年三月予の行をたどると、一株益（円）という欄のところに一七・二という数字があるよね。この三月予の「予」というのは予想を意味するんだ。一株益というのは「一株あたりの純利益」のことだから、この一七・二円という金額は一株あたりの予想純利益を示すことになるね。さてと、良君、たびたびですまないが、日本水産のＰＥＲを計算してみてくれないかな。

良太　わかりました。………およそ一〇・五倍です。だいぶ割安ですね。

ジュリア　予想利益からみて、株価は安すぎるというのですね。

教授　こんどは、オービックのＰＥＲを計算してみてくれないか。

良太　ハイ。………およそ八一・七倍になります。かなり割高です。

美香　でも先生、オービックは業績もとてもいいわけですから、経営業績が悪くてPERが高くなっているというより、会社側の予想する利益にくらべ投資家の期待が大きすぎて割高になっているように思えるんですが。

教授　そうみるのが妥当だろうね。

美香　ということは、投資家の期待がしぼんでいくと、株価は下がっていく……。

教授　人気株によくみられるね。

ジュリア　個別にみるなら、美香のいうほうが多いと思うわ。

株主資本収益率（ROE）って何？

教授　この一覧表にはないんだが、こんな計算をしてみようと思うんだ。良君、すまないが、さっき君がいったPBRとPERだが、この電卓で、そのPBRをPERで割ってみてくれないかな。

良太　わかりました。えーと、およそ〇・〇二二四です。

教授　%になおすと、二・二四%ということだね。この数字はどんな意味を持つのだろうか。良君、わかるかな？

良太　わかりません。

教授　あっさり脱帽したね。でも、はじめてのことだから無理ないよね。いま良君に計算してもらった式は

（株価／一株あたり純資産）÷（株価／一株あたり利益）

だったよね。これは、簡単に整理すると、一株あたり利益を一株あたり純資産で割った値に等しくならないかな。

美香　なります。この値が良の計算した二・二四％なんですね。

教授　そうなんだ。この数値は、一株あたりでみて利益が純資産の何％になっているかを示しているんだよ。純資産は株主資本ともいうので、この数値を株主資本利益率と呼んでいるんだ。新聞記事などでよくＲＯＥといってるのがこれだよ。

ジュリア　ＲＯＥって、何の頭文字なんですか？

教授　Return on Equity の頭文字だよ。

美香　このＲＯＥは、何をみるための指標なんですか？

教授　そうだなぁ、簡単にいえば、経営側が株主から預かった資本を使ってどのくらい利益を上げたかをみる指標なんだ。

ジュリア　じゃ、この数字が大きければ、株主から出資してもらった資金がうまく使われているということですか？

教授　そういうことだよ。だから、ＲＯＥは会社経営の効率性を示す指標なんだよ。

美香　でも、ちょっと疑問があるんですが、いってもいいですか？

教授　いいよ。どんなことかな？

美香　経営努力の結果、分子の利益が大きくなれば、たしかにこのＲＯＥの値は大きくなり、経営効率が高まったということはわかるんですが、ＲＯＥは分母の株主資本が減少しても大きくなりますよね。分子の利益が変わらないとしてのことですが……ここのところがわからないんです。これってどう説明できるんでしょうか？

教授　なかなかするどいとこに気づいたね。ここがＲＯＥの弱点なんだ。分子の利益を増やすにはけっこう努力しなければいけないが、分母の株主資本を減らすことはそんなに努力する必要がないんだよ。会社みずからが手元にある資金で自分の株買っちゃえばいいからね。これを自社株買いというんだ。

ジュリア　だれから買うんですか？

自社株買い
当面、設備投資などに使う予定のない資金が豊富な会社がマーケットから自社株を購入することをいう。自社株を買い入れて消却すると、発行済み株式数が減り、一株あたりの利益が増える。ＲＯＥを大きくする。

教授　もちろん株主からだよ。

良太　自社株買いって、会社から株主へお金を返すことなんだ。

教授　そういうことだ。いまのところ会社に有望な資金活用先が見当たらなくてお金が余っているなら、このお金を株主に還元することは別段問題ないよね。通常は、自社株買いって、こういう場合に使われるんだよ。

美香　あっ、そうか。そうじゃなくて、もっともっと有望なお金の使い道があるのに、ただＲＯＥを高めるために自社株買いをするのは問題だということですね。

教授　そういうこと。

美香　どうして会社は自社株買いまでしてＲＯＥを大きくしたいんですか？

教授　それは会社をよく思われたいからだよ。それに株価も上がるかもしれないからね。とくにストック・オプション制を取り入れている会社にはこのことがいえるんじゃないかな。

美香　そのストック・オプション制って、どういうことですか？

教授　これはね、会社が経営者や社員に与える報酬の一つなんだ。ストックとは株のことだろう。オプションとは選択肢のことだよね。それで、「自分の会社の

●ストック・オプション
あらかじめ決めた株価で自社株が買える権利。決められた期間に株価があらかじめ決めてあった株価より高くなったら、権利取得者はその権利を行使して自社株を買い、株式市場で売却すれば値上がり益が得られる。ストック・オプションを導入すると、会社は権利取得者に通常の年俸のほか新たな報酬を支払うことになる。権利取得者が経営者の場合、会社は株価を意識した経営をしていると株主にアピールできる。

株を、あらかじめ決められた価格で買うことができる権利」のことをストック・オプションというんだよ。

良太　先生、このストック・オプション制という報酬のしくみですと、どういう場合に経営者や社員は得になるんですか？

ジュリア　先生、この質問、わたしに答えさせてください。このストック・オプションはアメリカで盛んに使われてるんで、良、ドルを使って説明するわよ。いま経営者が自社株を一株一〇〇ドルで一万株買う権利が与えられてるとするわね。

良太　その権利がどうして報酬になるのかな？

ジュリア　良、ちょっと待って、順々に説明してるんだから。やがて経営者もいっしょうけんめいがんばって、おかげでこの会社の業績が上がり、評判もよくなって会社の株価が一〇〇〇ドルになったとするわよ。

美香　権利が約束されたときの株価が一〇〇ドルだったということ？

ジュリア　そう。それが一〇〇〇ドルになったというわけ。このとき、経営者は自分の権利を使うの。

良太　どういうふうに？

ジュリア　まず約束したときの株価で一万株買うの。そしてすぐそれを売っちゃうの。

美香　それって、だれから買うの？

ジュリア　会社から。

美香　あっ、そうか。それをまた会社に売っちゃうんだ。良、わかった？　わかったら、どのくらい利益が出たかちょっと計算してみてよ。

良太　わかったよ。先生、ちょっと電卓借ります。えーと、買ったときの金額は一株一〇〇ドルだから全部で一〇〇万ドルで、売ったときは一株一〇〇〇ドルになってるんだから、全部で一〇〇〇万ドルになる……。えっ、九〇〇万ドルの報酬が入るってことか。一ドル一〇八円として円に直すと、九億七二〇〇万円、わぁ、こりゃすごいわ。

ジュリア　だからね、アメリカでマイクロソフト社のようにどんどん成長した会社の経営者の年収がびっくりするくらい巨額なのはほとんどこのストック・オプションのせいなの。

美香　株価がいまとはちがって下がっちゃったらどうなるの？　損するってこと？

ジュリア　その場合は、権利を使わないの。だからオプションというのよ。

美香　だったら、経営者の収入は下がっちゃうじゃない。

良太　だから、ジュリアはさっき経営者はいっしょうけんめい経営に励むといったんだろう。経営が悪くなって株価が下がることがないように。

ジュリア　そう。でも経営が思わしくない状態がつづくようなら、経営者は大胆なリストラをして、たくさんの社員を解雇してでも、株価を上げ、自分のストック・オプションの値打ちを高めようとするのよ。これって非情じゃない？　美香だってそう思うでしょ。でもアメリカではよくみられるものなの。先生、日本ではどうなんでしょうか？

教授　みんなのディスカッションおもしろく聞かせてもらったよ。アメリカでは活発に導入されていることは、さっきジュリアがいった通りだが、日本でもしだいに増えつつあるといったところかな。日本でのストック・オプションは九七年の商法改正で解禁されたんだ。ベンチャー企業によく活用されているね。大企業に就職せず、ベンチャーを立ち上げたり、そこへ就職したりして、若くしてストック・オプションで巨額の収入を得たケースもけっこう出てきて、ニュースだねになっているんだよ。もともとこれは優秀な人材を囲い込むためにアメリカで開発されたしくみなんだが、日本でもやはり優秀な人材は今後ますます必要になるから、このストック・オプションを取り入れる会社は増えると思うね。

美香　ストック・オプションだと、株価が上がると、経営者自身にとっても得になるというわけなんだ。それで、経営者も株価が上がるようにいろいろ手をうつことになるんですね。その一つがROEを大きくすること、さっき先生はこのことをおっしゃりたかったんですね。

教授　経営者はね、自分の会社を投資家にできるだけいいように印象づけたいんだよ。そうすると、投資家は会社に資金を出してくれるようになり、株価が上がるようになるからね。

ジュリア　投資家へのプレゼンテーションですね。

教授　そう。いまはやりの「IR」というやつだ。

美香　「IR」って、何ですか？

教授　Investors Relations の頭文字から採ったものだ。君たちもよく知っている「PR」はパブリック・リレーションズのことだろ、そのパブリック、大衆が、インベスターズ、投資家に代わったものなんだよ。いま会社はね、投資家に対して、「わが社は効率的な経営をしています」、「わが社は将来性があります」、「わ

●IR
自社株に対する投資活動を株主や投資家に訴えて、自社に対する理解を高める広報活動。資金集めを円滑にし、望ましい株価の形成に誘導するのが狙い。

が社はがんばってやっております」ということをいかにアピールするか、これは非常に大切な仕事なんだとして位置づけているんだ。ＲＯＥの数字はそのアピールによく活用されているんだよ。

ジュリア　それで、ＲＯＥの数字って、けっこう使われているわけですね。

美香　だから、ＲＯＥの大きさで会社の経営状態を判断する場合、分子と分母の両方をしっかりみて判断しなければならないんですね。

教授　そうだね。

良太　先生、さっき計算した二・二四％って、高い数字なんですか？　なんか低すぎるような気がするんですが……。

教授　低すぎるね。アメリカの上場会社の場合、平均で二〇％くらいだし、ヨーロッパの会社でも平均で一五％くらいだよ。二％くらいじゃどうみても低いよね。それだけ日本の会社の経営効率が低いというわけだよ。

ジュリア　これを高めるのが日本の会社の経営課題なんですね。

教授　その通りだね。どうだみんな、これまでのはなしで、株価で経済ウォッチしたことになったかな？

良太　ウォッチしました。はじめて聞いたことばっかりだったんで、けっこうおもしろかったです。

美香　株価って、経済の勉強に欠かせないものだということがよくわかりました。

ジュリア　ほんとう。先生のおはなしを聞くまでは株なんてなんかおカネもうけの世界だけのことかと思ってたんですが、いまは株価の動きをみるだけでも経済の勉強になることがわかりました。

教授　それでは、このあたりで寄り道はストップとしよう。こんどの探検では、マネー経済に徘徊する妖怪にせまってみようと思うんだが、それは明日のお楽しみということで、今日はここらあたりで終わるとしようか。

全員（いっせいに）ありがとうございました。

教授　さて、明日の講座はまた上高地でやろうと思う。ただ、場所は初日の山岳研究所でなく別のところにしよう。そのほうが気分も変わるしね。河童橋から梓川に沿って下流に三〇分ほど歩くと上高地温泉ホテルという上高地では老舗の旅館があるんだ。今晩はこの旅館に泊まる予定だ。上高地にはいくつか旅館があるが、温泉付きはこの旅館と隣りにある清水屋ホテルの二軒だけだ。いずれも上高地の草分けともいえる由緒ある旅館なんだよ。江戸時代にはこの二軒の旅館が立地している場所に湯屋という温泉があったんだ。槍ヶ岳にはじめて登った播隆上人《ばうりゅうしょうにん》もこの温泉で疲れをいやしたといわれているんだよ。その後しばらく経って、一時この湯屋は利用されなくなる時期もあったが、明治になって、三七年ころかな、地元有志の人たちが創立した上高地温泉株式会社によってこの温泉が再開されたんだ。だが、しろうと経営の悲しさか、経営が思わしくなくて、やがてこの温泉は、上高地の麓にある橋場という集落で旅館を経営していた清水屋の手に渡るんだよ。旅館経営のプロによって、温泉経営も万事順調に運ぶようになり、その後上高地温泉も二つの旅館に分かれ、今日に至っている。今晩お世話になる上高地温泉ホテルはその一つなんだ。山から下りるとよくこの旅館にお世話になるんだよ。山あり、温泉あり、そしてサービスがいい、泊まってほんとによかったと思う旅館だね。最後の夜はこの温泉でゆったりと、そして楽しく過ごしてもらおうと思っているから。みんな、よく勉強

上高地温泉ホテル

したからね。

さて、これからの予定なんだが、徳沢園に昼食弁当を用意してもらっているので、それを持って、梓川の上流に向かってちょっと歩いてみようと思うんだ。ここから三〇分くらいかな、静けさに包まれた森のなかを歩くと、左手に一つ梓川にかかる橋が現われる。橋の名を新村橋《しんむらばし》という。このあたりまで来ると、井上靖の小説『氷壁』の舞台になった前穂高の東壁がよくみえるようになるんだ。これを仰ぎながら弁当をいただこうというわけだ。

上高地への帰りは来た道をもどることになるが、途中、明神という分岐点になっているところがあったよね。そこからはそのまま上高地に直行せず、横に道をそれて明神池を訪れてみてはどうかな。歩いて二〇分ってとこかな。明神池のほとりには穂高神社の奥宮、その途中には

新村橋と前穂高東壁

ウエストンの山案内人として有名な嘉門次《かもんじ》の小屋もあるし……観光案内にも紹介されているせいか、たくさんハイカーも訪れているよ。それに、この嘉門次小屋ではイワナの塩焼きを食べさせてくれるしね。なかなかの評判で、若い女性にけっこう人気があるそうだよ。ぼくは、そのまま上高地へまっすぐ戻ることにするから、君たちだけで、どう、食べてきたら。

上高地での集合場所はまた河童橋にしよう。集合時間は五時。そこからはみんないっしょに旅館に行くことにしよう。

中日の幕あい

講座も二日目になったせいか、美香たちは初日ほど緊

明神池周辺

張せずにはじめることができた。場所も初日の森のなかとはちがってちょっとした広っぱの一角で行われたせいか、視界も開け、遠目ながらも行き交う登山者たちの姿もみられ、これが美香たちの気分転換にもなったようだった。今日の話題がほとんどなじみのない株式市場のはなしだったので、美香は、はじめはどうなるかなという心配もあったが、株式ってどういうこと？といった基礎の基礎のはなしからはじまったので、抵抗感もなく、わりと素直にはなしのなかに入ることができた。それに、途中何回かした休憩で、教授はいろいろ山のはなしをしたが、登山などしたこともない美香も、教授のはなしが行き交う登山者の姿と重なり、山登りのおもしろさが実感できたような気がした。一度機会をつくって山に登ってみようかしら、そういう思いにもなった美香だった。いままで知らなかった株式のことを知ることができ、休憩では雑談の花が咲き、どんどんはなしが進んで

嘉門次小屋

いった。美香は、株式は経済のキーワードであり、これから自分が株式投資に手を染めることがなくても、ビジネスの世界で仕事をするなら、このキーワードについてはしっかり勉強しておく必要がある、そう痛感し、これが二日目の講座に対する自分なりの結論になるなと思った。

午後は弁当を持ってもうちょっと奥までハイキング、そして今晩は上高地で温泉に浸《つ》かるとか、それにもどりには嘉門次小屋でイワナの塩焼きを絶対食べよう、そう思うと気分はワクワク、今日も楽しまなくちゃ！　そう思う美香であった。

III　マネーが地球を駆けめぐる

アカハラとシラタマノキ

上高地帝国ホテル

最終日の幕開き

今日は緑陰講座の最終日である。教授の説明によると、今日の講座が行われる場所は、旅館から歩いて一〇分ほどの森のなかだそうだ。案内してくれる教授を旅館の玄関前で待っていた美香は、旅館の前を流れる梓川の対岸にそそり立つ霞沢岳《かすみさわだけ》の頂をみやりながら、今日で終わりなんだ、と思うとちょっと寂しい気持ちになった。そうした美香の思いを察したのか、隣りに立っていたジュリアが、美香に
「今日ではなしを聞くのも終わりね……」
と話しかけた。美香は
「そうね、……」
と答えたが、あとはことばにならなかった。ちょっぴり感傷的になったふたりに、良太が近づきながら、

上高地温泉ホテルからみた霞沢岳

「昨日はあれから温泉に入った？　ぼくは真夜中に露天風呂に行ったんだ。だれもいなくてね。温泉に浸かりながら夜空を見上げたら、真っ暗な夜空に浮かぶ星がきれいだったよ。これで、飲み物と食べ物が乗っかったお盆でも湯に浮かんでいたら最高だったのになあ……」

と、大きな声ではなしかけてきた。この気楽な良太の声にふたりの感傷的な思いがふっきれたとき、教授が玄関から現われ、

「さあ、行こうか」

といって、先に立って歩き出した。

着いたところは旅館の対岸にある森のなかだった。そこはちょっとした広場になっており、その広場には白いテーブルが一つ、椅子が四脚置かれてあった。上高地温泉ホテルの真木支配人のご好意で、この日の講座のためにセットされたものであった。川辺よりちょっと奥まったところにあるせいか、思ったより静かな場所だった。教授によると、いま歩いてきた散策道をそのまま一〇分ほど行くと、上高地帝国ホテルの裏手に出るそうだ。また、その途中の右手に折れた散策道をたどると田代池に出るとのことだった。どの散策道も樹林のなかを通ってお

り、静寂のなかの道ということである。勉強が終わったら、ぜひ歩き回ろうと思う美香であった。

教授は、バックのなかからワープロで印字されたレポートを出し、

「これが今日はなしする内容だよ」

といって、みんなに一部ずつ手渡した。レポートの表紙には『Ⅲ　マネーが地球を駆けめぐる』と書かれてあった。

「いよいよ最後の日になったね。この二日間よくがんばってきたと思うよ。もう少しだから、今日もがんばってディスカッションしよう。さて、今日はなしする内容だが、１の〈襲いかかる投機マネー〉では、まずタイの通貨バーツの暴落をきっかけに起きたアジア諸国の通貨暴落の原因を探り、その蔭でばく大な利益を追い求めてマネー投機をした国際的な投機集団ヘッジファンドの存在があったことを突き止め、そのヘッジファンドの謎め

田代池周辺

いた実態に迫ってみようと思う。2の〈デリバティブ探検〉では、ヘッジファンドのマネーゲームにも活用されたデリバティブと呼ばれる複雑な金融取引を取り上げる。このデリバティブのしくみを知ることで、想像を絶する巨額のマネーが国境を越えて駆けめぐる背景にこの金融取引の開発があったことを突き止めてみたいと思う。そして、3の〈新しいマネーの実験〉では、二〇世紀終わりに起きた地球的規模のマネーゲームを一七世紀はじめに起きたオランダのチューリップ投機と重ねあわせ、今日のマネーのあり方について考え、その上に立って、この地球上で、新しいマネーの実験的試みがはじまっていることを、ヨーロッパの統一通貨《ユーロ》を取り上げ、探ってみようと思う。以上で、三日間を通して探検してきたマネーの世界のはなしを終えようと思っているんだ。はなしの内容にこだわらず、どんどん質問するように……」

といって、教授は優しい目で美香たちに微笑んだ。

飛騨乗越の下りから望む笠ヶ岳

緑陰講座最終日のはじまりである。

1　襲いかかる投機マネー

アジア通貨危機

教授　美香に聞くが、タイの通貨はどう呼ばれているか知っているかな?
美香　えっ、えーと、あれだ、えーと、ちょっと思い出せない。先生、急に聞かれるんだもの。ど忘れしたみたい。
ジュリア　バーツでしょ。
美香　そう。そのバーツ、タイ・バーツです。
教授　そうだね。じゃ、インドネシアの通貨は?
美香　先生、もう聞かないでください。
教授　そうか、そうか。ちょっといじわるしちゃったかな。知らなくてあたりまえだものね。インドネシアの通貨はルピア、インドネシア・ルピアというんだよ。

良太　韓国の通貨はウォンといいます。

教授　そうだね。じつはね、九七年の七月二日、タイのバーツが大暴落したんだ。そして、それをきっかけに、インドネシア、マレーシア、韓国、フィリピンなどの通貨がつぎつぎ暴落していったんだよ。それまではこういった国々の経済はエネルギッシュにどんどん成長していて、まさにアジアの経済は成長神話のまっただなかといわれていたんだ。ところが、こうした通貨暴落を境に情勢は一変、成長神話はガラガラと崩れちゃったんだ。建築途中のビルはそのまま放置されてその残骸があちこちにさらされ、失業者が街にあふれだし、あっというまに天国から地獄へまっさかさまという感じになったんだよ。これをアジア通貨危機と呼んでいるんだ。聞いたことあるかな?

ジュリア　ええ、聞いたことあります。テレビのニュース番組で取り上げていました。先生、九七年夏のタイ・バーツの暴落がきっかけだったということですが、そのバーツ暴落の原因はなんだったんですか?

教授　原因はいろいろあるんだよ。九七年の暴落以前にもどってみると、当時タイ・バーツの値段はアメリカのドルにほぼ固定されていたんだ。その当時のドルの動きをみると、ドル高・円安の傾向にあったから、バーツは円に対し高くなっ

アジアの奇跡
一九九七年半ばまで、アジアの国々は「奇跡」とまでうたわれた経済成長を維持してきた。八五年から九五年までの平均成長率は七・二%、先進国のそれが一・九%とくらべ際だっていた。これを指して世界銀行は「東アジアの奇跡」と称したのである。この奇跡は九七年になって突如として崩壊した。

ていたんだよ。バーツ高・円安というわけだね。このため、当時タイの輸出商品の値段は上がりぎみ、おかげで海外での売上げは落ちて、タイの貿易は赤字状態がずっとつづいていたんだ。まずいえることは、この貿易赤字がタイ・バーツ暴落の背景にあったということだよ。

良太　タイはバーツの値段をドル相場に固定させていたんですね。だから、バーツは変動相場制ではなかったんですね。

教授　そう。このバーツのようにドルに固定するレートの決め方をドルペッグ制というんだ。

ジュリア　貿易の赤字が増えつづけ、いつバーツの値段が落ちてもおかしくない状態になっていたということですか?

教授　うーん、まぁ、そういうことだね。ただ、そういうには、もう少しタイ国内の金融面をみておく必要があるんだ。どうしてかというとね、もともとタイの国内貯蓄があまりなかったんだ。だから、経済を成長させようとしてもそれに使うお金があまりなかったんだよ。これはみんなもだいたい想像がつくよね。しかし、経済成長はしたい。そこで、そのために必要なお金を海外から集めることを考えたんだ。海外の銀行や投資家の人たちがタイに投資しやすいように金融面を

●**ドルペッグ制**　ペッグは釘付けを意味することば。政府が為替市場に介入し、自国通貨の対ドル相場を固定させる。為替リスクを避ける狙いで採用する。アジアの大部分の高成長地域で採用された。

思い切って緩和したんだよ。だが、この金融緩和でタイは大失敗してしまうんだ。

良太　どうして失敗しちゃったんですか？

教授　手っ取り早くお金を集めようとして、海外から短期借入れというかたちでお金を集めようとしたんだよ。

美香　短期借入れって、どういうことなんですか？

教授　長くても一年くらいの約束で借入れるんだ。これだと、お金を出すほうは出しやすいからね。

ジュリア　それだと投資家はいつでもお金を引き上げることができるからですね。

教授　そういうことだ。海外から流れ込んだ資金は、じつはいつでも海外に流出されるようなものが多かったんだよ。

美香　なるほど、問題の九七年夏にはこの短期で借入れたお金がどっと出ていっちゃったんですね。でも、どうして出ていったのかしら。どうしてなんですか？

教授　じつは、この短期の資金をタイに持ち込んだのはヘッジファンドという国際投機集団が主だったんだよ。この投機集団は、通貨の値段が実力以上についている国をターゲットに大がかりに投機行為をする集団なんだ。彼らはタイ国内にも実際に出向き綿密に調査もしたと思うが、当時のタイ経済は彼らの格好の獲物だったんだよ。タイの貿易の赤字は一〇〇億ドルを上回っていたんじゃないかな。タイはこの赤字状態を高い金利の短期資金でしのぐほかなかったんだ。ヘッジファンドにしてみれば、タイのこの状況は魅力的だったんだよ。金利の安い日本などからお金を借りてきて、それをタイに投資すればいくらでも金利差益が稼げるからね。彼らのタイへの貸付残高は五〇〇億ドル近くあったんじゃないかな。そのお金のほとんどが土地などの不動産や株式の投資に使われ、異常な地価や株価の上昇、タイ経済はバブルの状況だったんだよ。投機集団は、こういう状況下にあるタイ経済をみて、実力以上にバーツ高になっていると判断するんだね。いずれはバーツも切り下げざるをえないだろう、すると、タイのインフレは加速する、こんな状況がいつまでも続くわけがない、やがてドルペッグ制は持ちこたえられず、バーツは変動相場制のなかでいっきょに暴落する、こう読んだんだよ。いや、読んだというよりこうなるようにシナリオを書いたといってもよいかもしれない。

美香　すごい！　まるでドラマの筋書きみたい。

良太　先生、いまいわれたバブルということばはよく聞くんですが、バブルって、どういうことなんですか？

教授　地価や株価が合理的な裏付けのない予想にもとづいて急上昇し、それがさらにそうした予想に勢いをつけて、またまた地価などが上昇する状況を指すときによく使われることばだね。ぶくぶく膨らんだ泡に見立ててバブルというんだよ。合理的な裏付けがないから、やがては上昇した地価などは急落する。これを指してバブルがはじけたというんだ。バブルが発生すると、地価や株価だけでなく、場合によっては為替レートも乱高下することがあるんだよ。

ジュリア　バーツを切り下げるとインフレが加速するとのことですが、どうして加速するんですか？

教授　そうだなぁ、ちょっとこれをみてもらおうか

といって、教授はパソコンのキーを操作した。画面にグラフが一つ現われた。

教授　このグラフは、アメリカや日本、それにタイなどのアジア諸国の貿易への依存度を示したものなんだ。

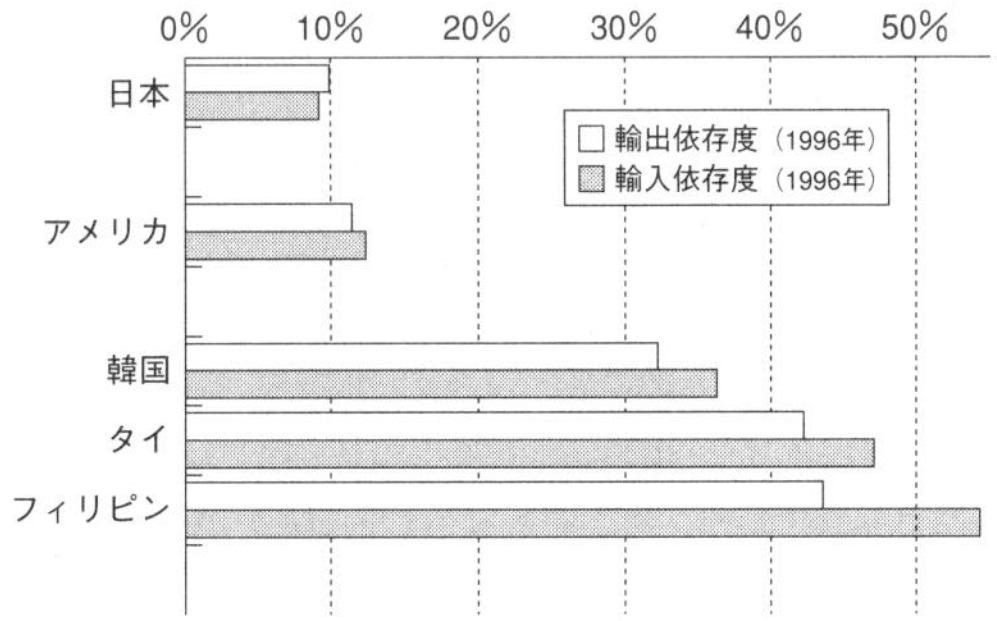

アジアの国々は先進国にくらべ貿易に依存する度合いが強い

美香　貿易依存度って、どういうことですか？

教授　それはね、輸出または輸入の大きさが、ＧＤＰ、これは国内経済の大きさのことだったよね、これに対しどのくらいになっているかを調べた数字だよ。この数字が大きければ大きいほど、その国の経済は輸出や輸入に左右されるというわけだ。

良太　グラフをみると、タイの数字は、日本などとくらべ、ものすごく大きくなってますね。

教授　そう。タイだけじゃない、フィリピンや韓国なんかも同じなんだ。この数字が大きいということは、それだけ為替レートの変動によって大きな影響を受けるということだよ。美香、これ、わかるかな？

美香　わかります。それで、タイはドルに固定させるドルペッグ制にしてたんですね。

良太　美香、それって、どういうことかな？

美香　たぶんこんなことだと思うわ。グラフをみると、タイの輸入依存度は五割近くあるでしょ。だから、バーツのレートが大きく変動すると、ＧＤＰのなかの半分くらいの商品に大きな影響が出てくるということなの。それでタイはなるべ

●**貿易依存度**
経済が貿易にどの程度依存しているかを示す指標。通常、ＧＤＰに対する輸出あるいは輸入の規模の比率で示す。この比率が高まるにつれ、その国の経済は為替レートの変動によって大きな影響を受ける。その影響を小さくするため、固定相場制を採用する傾向が強い。

くこの影響を避けたいと思い、バーツをドルに固定させるしくみにしていたんじゃないかな。

教授　まさにその通りだよ。これはタイだけでなく、フィリピンや韓国なんかも同じ考えだったんだ。

ジュリア　あっ、そうか。バーツが切り下がると、タイ国内に出回っているたくさんの輸入品の値段が高くなる、それでインフレが加速されるというわけなんですね。

教授　タイのバーツはドルに固定されている、専門家はこれをバーツはドルにリンクしているというんだが、このリンクされてることこそ、タイにお金を投資する人たちにバーツは安定しているという印象を持たせていたんだよ。このリンクが崩れるとなると、投資家に、これはちょっとちがうぞ、じゃ、出していたお金をタイから引き上げようか、といった思いを抱かせるようになるというわけだ。

良太　変動相場制になると、ますますこの思いが募ってきますね。

教授　こういうことをいち早く読むのがヘッジファンドという投機集団なんだ。それに、さっきもいったが、こうなるように強引に誘導したともいえるね。

美香　誘導するって、そんなことできるんですか？

教授　ヘッジファンドの動かすマネーの量は桁ちがいに大きな数字なんだよ。彼らは、複雑な数学を応用する金融工学が開発したデリバティブという金融技術を駆使して大量のマネーを動かすんだ。だから、彼らがいっきにマネーを動かすと、タイのような小さな経済はひとたまりもないんだよ。

ジュリア　ヘッジファンドは、タイでどうマネーを動かしたんですか?

教授　いずれバーツは変動相場になると判断したヘッジファンドは、いち早くバーツを売り浴びせるんだ。ときは九七年の夏のことだよ。最初、タイ中央銀行はなんとかバーツのレートを維持しようと買い支えようとするんだ。バーツをめぐるヘッジファンドとタイの戦いだね。だけど投機集団の使う資金量は桁ちがいに大きい。タイが買い支えに使える外貨準備が二五億ドルまで減っちゃうんだよ。その年のはじめには三八〇億ドルもあったのがだよ、まぁ、ドルが入ってるタイの金庫が空っぽになったわけだね。だから、投機集団の読みが当たったというより、彼らがそう仕向けたといっていいね。九七年七月一日、くしくもこの日は香港が中国に返還された日だったんだが、バーツを支えきれなくなったタイの中央銀行総裁は、この日、バーツを変動相場制に移行すると発表するんだ。もうバーツは市場に任せるほかないというんだよ。くやしかっただろうね。この発表のあ

●金融工学
高度な数学やコンピュータ・シミュレーションを駆使して、金融リスクの定量化やリスク管理技術、資産運用技術などの開発を研究する。金融工学の発達により、金融ビジネスは一段とハイテク化された。

と、バーツがどうなったかは君たちにも想像つくよね。

ジュリア　暴落するんですね。

教授　そういうこと。くどいようだが、ヘッジファンドは暴落する前にバーツを売って売って売りまくったんだよね。それも大量にね。バーツを暴落させるためにだ。そして、思惑どおりに暴落したあと、こんどはこの安くなったバーツを買って、前に売った分を埋め合わせたらどんな結果になるかな？

良太　ものすごい差益を稼いだことになります。

教授　そう。これでヘッジファンドは巨額の利益を稼いだんだよ。これがヘッジファンドの狙いだったんだ。おかげでタイ経済はめちゃくちゃさ。投機集団がタイから引き上げたあと、タイ・バーツは二束三文、資本も流入しなくなり、投資もできなくなる、それどころか、やりかけの建築もストップ、失業者が街にあふれ、深刻な不況がつづくようになったんだよ。

美香　ひどい！　サバンナで草食動物の死体をたくさんのハイエナがよってたかって食いちぎる、ハイエナが去ったあとをみると骨だけが残っていた、なんかそんな光景みたい。タイの人たち、怒ったでしょうね。

教授　そう。このタイの悲劇は、さらにマレーシア、フィリピン、韓国、そしてインドネシアというぐあいにつぎつぎに連鎖反応してアジア諸国に飛び火していくんだ。成長神話に酔いしれてたアジア諸国はそれこそ地獄の世界へと追い込まれていったんだよ。それもいっきょにね。だから、ものすごく怒った人が出てきたっておかしくないよね。そのひとりがマレーシアのマハティール首相なんだ。その年の秋開かれたIMF・世界銀行の年次総会で、マハティールはヘッジファンドを名指しで痛烈に批判するんだよ。ヘッジファンドのやり方は道徳に反し、不必要な存在だ、世界できびしく取り締まろうとね。その後、名指しされたヘッジファンドの総帥ジョージ・ソロスもメディアを使ってそれに応じる、メディアでの両者の舌戦はなかなかみものだったね。

美香　その総会ではマハティールを支持する人が多かったんですか?

教授　いや、そうではなかったね。

美香　どうしてですか?

教授　IMFや世界銀行というのは、例のブレトン・ウッズで生まれたものだろう。だから、総会でのものの見方は非常にアメリカ的なんだよ。つまりだね、市場というのは徹底的に自由化して、そのなかでものごとの解決を図るべきだという考えが支配的なんだ。アジア諸国は、グローバル経済にとって外国為替という

●マハティールの主張
総会で、通貨取引は貿易の決済には必要だが、それ以外で通貨取引をするのは投機であって、不要かつ有害である、と述べた。

●IMF
国際通貨基金。戦後の固定相場制を維持することを目的として、四七年にスタートした国際機関。しかし、七三年に変動相場制に移行したため、その役割も変わった。いまでは、途上国が経済危機に陥り、債務の返済ができなくなった場合に緊急融資することで救済に努めるなど、IMFの存在理由も大きく変わった。

一番重要なところでドルペッグ制を採用し、自由にしていなかった。だから、貿易赤字の拡大やインフレなどの国内経済の実態と通貨レートが合わなくなっても、市場で調整できずに、追いつめられるように通貨を引き下げざるをえなかった。自由にしていれば、市場での調整がいち早くなされて、あんな結果にならなかったはずだ。まぁ、こんなところがＩＭＦ総会での支配的な考えじゃなかったかな。

良太　マハティールのほかにも怒った人がいたんですか？

教授　インドネシアでは、国民の不満はときの政権に向けて爆発したね。

ジュリア　そんときの政権って、スハルト大統領一族ですね。

教授　そう。彼らは政治だけでなくインドネシアの経済も握っていたからね。彼らは長い間いろいろなところで不正をして蓄財していたんだ。職を失ったたくさんの人たちや学生たちの怒りは彼らに向けられたんだよ。だから、インドネシアのケースでは、経済だけでなく、政治、そして社会もガタガタになってしまうんだ。

美香　それで、スハルト政権が崩壊するんですね。

教授　そうなんだよ。アジア通貨危機はアジアに震度六強、いや、七くらいか

世界銀行
通常、国際復興開発銀行と国際開発協会をあわせて世界銀行といっている。前者は四五年、後者は六〇年に設立された。途上国への開発資金の融資や経済危機に陥った国への緊急融資が主な業務である。

スハルト政権の崩壊
九八年五月、三〇年におよぶスハルト政権が崩壊した。政権を握るスハルト一族による利権独占が顕著になるにつれ、貧富の差が拡大し、国民のなかに不満の声が渦巻いていたそのなかで、自国通貨ルピアの暴落による経済危機が追い打ちをかけ、政権に対する国民の不満が爆発した。

な、そのくらいの激震を走らせた出来事だったんだよ。

ヘッジファンド

ジュリア　先生、ヘッジファンドという投機集団がアジア通貨危機に大きく絡んでいたことはわかったんですが、この投機集団って、いつごろから活動していたんですか？

教授　そうだなぁ、ちょっとこのグラフをみてごらん

といって、パソコンを操作すると、画面上にグラフが一つ現われた。

教授　もともとヘッジファンドは、このグラフにあるように、四〇年代の後半に誕生しており、その存在はけっこう古いものなんだ。はじめは文字どおり、リスクを避ける、つまりヘッジすることで安定した利益の確保を目指した集団だったんだが、六〇年代に入ると、その性格ががらりと変わり、ヘッジよりも投機に走り出すんだよ。ジョージ・ソロス率い

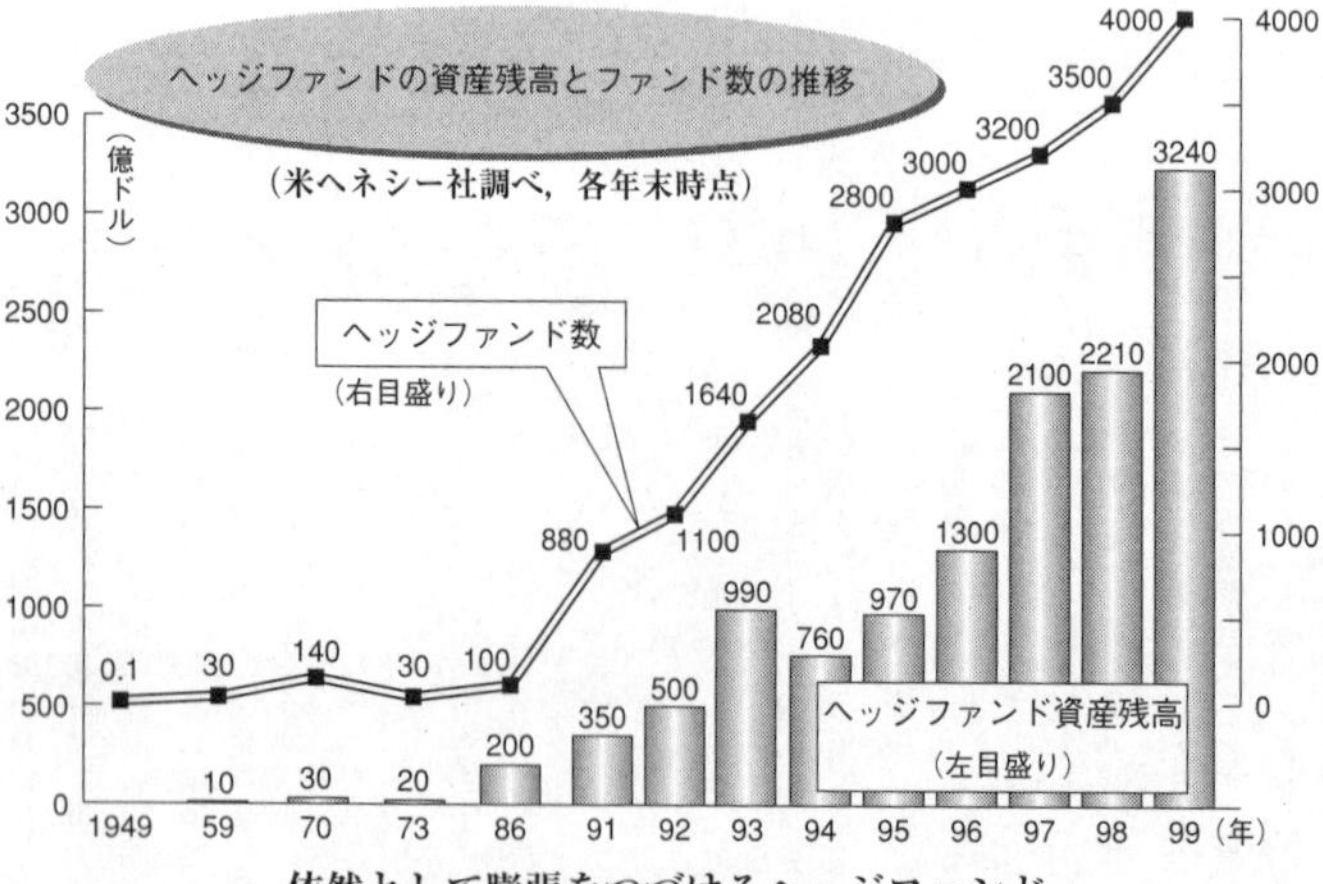

依然として膨張をつづけるヘッジファンド

るクォンタム・ファンドはその代表格といっていいね。現在、世界中に存在するヘッジファンドは四〇〇〇くらいあるといわれているが、そのほとんどの拠点は北大西洋に浮かぶバミューダ諸島やカリブ海のケイマン諸島などのタックス・ヘイブンに置かれているんだ。

美香　タックス・ヘイブンってなんですか？

教授　それはね、日本語で租税逃避地《そぜいとうひち》というんだ。会社の設立や商行為に対してほとんど税金を納めずに済む地域のことだよ。バミューダ諸島やケイマン諸島なんかまったく税金を納めなくていいんだ。だから、タックス・パラダイスとも呼ばれているね。本拠地がタックス・ヘイブンにあるため、規制や情報開示がゆるく、なかなかその実態が把握しにくくなっている。運用する資金は投資家から集めたマネーなんだが、その実態を報告する義務がヘッジファンドにはないため、どうなっているかは闇のベールに包まれたままなんだ。大金持ちの投資家にとってはまことに都合のいい存在なんだよ。一説によると、投資家から預かる額は最低でも一〇〇万ドルだそうだ。投資家からもらう運用手数料は投資額の一ないし二％だけど、成功報酬として利益の二〇ないし三〇％をいただくようになっているそうだよ。運用がうまくいくと、一回で数億ドル単位でマネーが転がり込むこ

◎ヘッジファンド
富裕層から資金を集め、株や債券、通貨などに投資して利益を稼ぐ国際投機集団。緻密な経済分析で世界経済の動向をつかみ、それをもとに投資家から集めた資金をさらに膨らませるデリバティブなどの先端金融技術を駆使して驚異的な利益を生み出す。本拠地をタックス・ヘイブンに置くことが多いため、なかなかその実態が把握しにくい。最近、原油市場にも巨額の資金を運用し、原油価格が高騰した一因になっているといわれている。

ともあるんだ。

ジュリア　ちょっと得体のしれない集団という感じですね。

教授　ソロスのクォンタム・ファンド、ジュリアン・ロバートソン率いるタイガー・マネジメント、それにマイロン・ショールズやロバート・マートンといったノーベル経済学賞受賞の学者を擁したロング・ターム・キャピタル・マネジメント（ＬＴＣＭ）といった巨大ヘッジファンドは一〇〇億ドル単位でマネーを動かすんだ。だから、彼らが市場に手を突っ込むとそれだけで大きく動いてしまうんだよ。

美香　巨大ヘッジファンドの運用する資金が世界のマネー経済に大きな影響を及ぼすというわけですね。で、いまもそうなんですか？

教授　基本は同じだと思うが、ちょっと様相は変わりつつあるがね。九八年にロシア危機が発生したよね。あれでこ

租税がゼロあるいは大幅に軽減される国または地域をタックス・ヘイブンという。よく知られたものとしてバミューダ諸島，バハマ諸島，ケイマン諸島などがある。多国籍企業やヘッジファンドが節税目的で利用している。

うした巨大ヘッジファンドは首をならべて大損をするんだ。ＬＴＣＭなんかこの大損で破たん寸前まで追い込まれるんだよ。このときのＬＴＣＭの負債総額は一二五〇〇億ドル、当時のレートでおよそ一七兆円、自己資金の五七倍もの金額にふくれ上がっていたんだ。想像を超えた金額だよね。この金額に驚いたのはニューヨーク連邦準備銀行の総裁たちだったんだ。まさに仰天したんだよ。とにかく、ＬＴＣＭの清算、つぶすことだね、そんなことになったら、マネー市場は大混乱する。絶対にそれだけは避けなければならない、と叫んで、メリル・リンチなどの主だった金融機関に緊急出資を要請するんだ。金融システムを守るために、官民あげてのＬＴＣＭ救済に乗り出すんだよ。破たん寸前になってみてはじめてわかったことだが、それほど大きな存在だったんだね、ＬＴＣＭのような巨大ヘッジファンドは……

ジュリア　で、どうなったんですか、ＬＴＣＭは？

教授　つぶれなかったよ。

良太　ノーベル賞学者はどうなったんですか？

教授　ＬＴＣＭを去っていったよ。退職金をもらってね。

良太　へえ、退職金が出たんですか、なんか変ですね。

◎ロシアの経済危機
旧ソ連崩壊の後、ロシアは資本主義の道を選んだ。しかし、急激な変更は経済の混乱を引き起こした。街では闇経済がはびこり、それにもともと国民には納税するような習慣がないため、慢性的な税収不足の状態に陥ってしまった。その穴埋めに政府は国債を乱発した。ついに金利が一〇〇％を超える前代未聞の国債まで発行した。ロシア財政は借金で火の車となり行き詰まってしまった。九八年夏、突如、ロシア政府はドルと固定していたルーブルを切り下げ、「国債の借金返済を先に延ばす」と宣言したのである。これで、二束三文になってしまった国債を大量に買い込んでいたヘッジファンドは巨額の損失を被ってしまったのである。

教授　そう思うだろ。それが庶民感覚だよね。でも、彼らにとってはまさに栄光からの挫折だからね。お金には代えられないコストを払ったと思うね。

美香　ほかの巨大ヘッジファンドも同じ運命をたどったんですか？

教授　まったく同じということではないが、まあ、似たようなもんだね。ロシア危機のあと、タイガーやクォンタムにとってもいいことなしなんだ。いずれも相場を読み損なって、タイガーなんか、ここ二年間で運用資産の七〇％にあたるおよそ一五億五〇〇〇万ドルを失ってしまうんだ。とうとう二〇〇〇年の三月に店を閉じちゃったよ。クォンタムのほうはどうかといえば、こっちはまだ店は閉じてないが、もうかつての勢いはないね。

ジュリア　それじゃ、マネー経済でのヘッジファンドの存在は小さくなったということになりますね。

教授　それがそうでもないんだな。それが証拠にヘッジファンドの数は減っていないし、それに九九年末のヘッジファンドの資産残高をみると、三三〇〇億ドルほどあり、前年よりも四七％も増えているんだ。専門家筋の読みでは、二〇〇〇年末のヘッジファンドの資産残高はさらに二〇％程度増えるそうだよ。ただ、これから主流になるとみられるヘッジファンドは、もうクォンタムのような巨大ファンドではなく、運用する資金が二〇億ドル程度の小型ファンドになるということだ。資産残高の数字から推量すると、いまでも実際にヘッジファンドが動かしているマネーの量は一兆ドルを上回っているとみていいだろうね。ファンド全体でみると、決して影響力がなくなったとはいえないと思うよ。マネー経済の《鬼っ子》といわれてきたヘッジファンドがこれからどのように変貌していくのか、まだまだ目を離すわけにはいかない、そう思うがね。

2　デリバティブ探検

デリバティブって何？

美香　さっきアジアでヘッジファンドがデリバティブという金融取引を使って大量のマネーを動かしたとおっしゃったんですが、デリバティブってどういうものなんですか？

教授　そうね、それじゃ、そのデリバティブにはなしを移そうか。デリバティブなんていうと、日ごろ使われることばでもないし、それにこの技術、高度な数学を使う金融工学で開発され、しかもこの開発に一役かった経済学者たちがその功績でノーベル経済学賞を受賞したもんだから、格もぐーんとあがっちゃってますますむずかしそうだという印象を与えてしまったみたいなんだよ。でも、たとえばだよ、このパソコンのなかをのぞいても、われわれのようなしろうとになにがどうなっているのかほとんどわからないよね。だけど、このキーをたたけばどうなるかとか、パソコンの操作くらいならちょっと勉強すればできるよね。われわれにとってパソコンなんてこの程度の知識で十分なんじゃないかな。デリバティブだって同じだと思うよ。金融工学で使われている高度な数学を知らなくたって、そのしくみだとか、どう使われているのかぐらいなら、ちょっと勉強すればわかると思うよ。

美香　それを聞いて少し安心しました。

教授　君たちがなんか品物を買うとき、ほとんどの場合、その場で代金を払い、その品物を受け取っているよね。株や通貨の取引だって契約をしたらすぐ決済するのが基本なんだ。こういう取引を現物取引とか直物《じきもの》取引というんだ。ときにはスポット取引ともいうね。テレビのニュースなどに出てくる株価や円レートは、この直物取引の値段なんだよ。

美香　スポット取引ということば、ときどき新聞でみたことがあります。

教授　しかし、金融取引はこういう基本の取引だけではないんだ。直物取引から枝葉が分かれて出てくるようにつくられたいろいろな取引もあるんだ。こういう取引を「派生した金融取引」というんだ。「派生する」を英語でデリバティブというので、この派生した金融取引をデリバティブといっているんだよ。

ジュリア　派生したものだからデリバティブ、ことばの意味はわかったのですが、具体的にはどんな取引なんですか？

教授　もともとデリバティブは、金融のグローバル化によって大きくのしかかってきたリスクを回避するための手法として開発された特殊な金融取引なんだよ。

良太　前から聞こう、聞こうと思っていたんですが、リスクって何のことですか？

教授　金融活動にいつも付きまとうもので、日本語で危険ともいってるものだ。たとえば、株価や通貨のレートが暴落して大損するかもしれないよね。こういうときリスクがあるというんだよ。なお、こういう場合のリスクを市場リスクという。為替リスクは通貨取引における代表的な市場リスクだ。また、貸していた相手が支払不能におちいってしまったために貸していたお金が戻ってこず大損することもあるよね。こういうときのリスクは、さっきの市場リスクとはちがって信用にかかわるリスクなので信用リスクというんだ。最近の例でいえば、九八年に起きたロシア危機はこの信用リスクが表面化したものといえるね。これはね、ロシアという国の財政が破たんして国債の償還ができなくなって起きたものなんだ。ロシアという大国の信用が崩壊したというわけだよ。

美香　先生、その国債ってよく聞くんですが、どんなものなんですか？

教授　通常、政府の収入といえば、それは税金で集めたお金だよね。でも、もし税金で集めたもの以上にお金が必要なら、政府は何かの方法を使ってそのお金を集めないといけないだろ。その一つの方法は借金することだよ。借金したい政府は、利子を付けますからだれかお金を貸してください、とお金を貸してくれる人を募集するんだよ。このとき政府は、募集に応じた貸し手に、たしかにお借りしました、これこれの利子はかならずお支払いします、期限がきたら借りたお金はお返しします、といった内容の借用証書を発行するよね。この借用証書のことを債券というんだが、国が発行する債券なんで国債というのだよ。

美香　借金の証文みたいなものですね。財政が破たんしたロシアは借金が返せなくなったんですね。それじゃ、証文はただの紙きれみたいになったのかしら？

教授　そうなんだ。それで大損した人たちがいっぱいでたんだよ。ところで、ジュリアの質問へのつづきなんだが、さっきもいったように、マネーが国境を越えて飛び交ういま、それだけ金融リスクも大きくなってるんだよ。だから、マネーを動かす側からいえば、なんとかしてこのリスクを避けたいもんだと考えるんじゃないかな。デリバティブは、こうしたリスクを回避するために高度な数学を駆使して編み出された金融取引の手法なんだ。地球レベルでマネーを動かすヘッジファンドのヘッジとは、もともとこのリスクを避けるという意味のことばだと、さっきいったよね。そして実際のヘッジファンドはこのヘッジのもつ意味を超えて積極的にリスクに挑戦する投機的色彩を帯びた集団になっているともいったよね。これは、デリバティブが想像以上に応用範囲の広い金融取引だということなんだよ。

ジュリア　それじゃ、デリバティブは投機にも活用できる金融技術なんですか？

教授　そうなんだよ。デリバティブは、リスクをヘッジするために使われてるだけでなく、これはヘッジファンドだけではないんだが、投機にも使われているんだよ。

美香　だんだんわかってきたみたいです。デリバティブって、マネーが地球を駆けめぐっている現代だからこそ生まれた技術なんだわ。

ジュリア　デリバティブが登場したからマネーはますます地球を駆けめぐるようになったともいえるんじゃないの。

教授　マネーが地球を駆けめぐるか、なかなかうまい表現だね。その通りだよ。ところで、デリバティブが生まれる背景にはもう一つ指摘しておいたほうがよいものがあるんだ。そもそもデリバティブという技術は、金利、株価、為替レートの状況がどうなっているかを瞬時《しゅんじ》に分析し、これこれの取引仕様《しよう》なら利益はどうなるのかを瞬時に計算するんだ。だから、デリバティブは驚異的な情報技術（IT）の発達があったからこそ生まれたともいえるんだよ。

オプション取引

ジュリア　デリバティブって、具体的にどんな取引なんですか？

教授　デリバティブにはベースになる取引が三つあるんだよ。オプション、先物、それにスワップだ。まず、オプションからはじめよう。ところで、美香はいまマンションに一人住まいだよね。

美香　ハイ、そうです。

教授　そこに入居するとき契約を交わしたと思うんだが、そのとき手付け金を払ったんじゃないかな。

美香　ええ、払いました。

教授　美香の払った手付け金というのは、そのマンションに入居する権利を得る

◎IT
情報技術。パソコンとインターネットの融合による技術革命をIT革命と呼んでいる。ITの発達は、またたく間に、国境を越え、世界中に伝播し、経済活動のグローバル化を促した。これまでの経済活動のあり方を根底から変えてしまう可能性を秘めているといわれ、新世紀へ向けてもっとも注目されている。

ために支払うお金だよね。手付け金を払ったあと、もし美香がもっといいマンションをみつけ、手付け金を払ったマンションに入居しないことに決めれば、その払った手付け金は放棄しなければならない、そういう約束になっていたと思うんだ。オプション取引のしくみはこの手付け金のしくみに似ているんだよ。つまり、この取引というのはね、株や通貨などについて「ある期日に、ある数量を、ある値段で、買う権利あるいは売る権利」を取引するものなんだ。この権利のことをオプションというんだ。

良太　買う権利とか売る権利が売買の対象になるのですか？

美香　買う権利を買うって、どういうことかな？

教授　オプションの本質はこの権利の売買にあるといっていいんだ。買う権利のことをコール・オプション、売る権利のことをプット・オプションというんだよ。

ジュリア　たとえば、もしわたしがドルのコール・オプションを買うとすれば、それはドルを買う権利を買うということですね。うーん、どういうことかな、美香、わかる？

美香　買った権利を使ってドルを買ったということじゃないの。いや、ちょっと

●オプション
対象とする商品をあらかじめ定められた価格（権利行使価格）で一定の期限（権利行使期間）内に買うあるいは売る権利のことをいう。権利の売買価格をオプション価格という。

待って、えーとね、ジュリアがこの権利を買ったということは、ただ権利を買っただけで、まだドルを買ったわけじゃないんだ。だから、その権利を使うということはドルを買うということ、だよね。だったら、権利を使わなければ、えーと、どうなるのかな？　ややこしいな……。

教授　買うのをやめるということだよ。

美香　それだったら先生、買ってもいいし、買わなくてもいいっていうことですか？

教授　そういうことだよ。それがオプションなんだ。

美香　ジュリア、わかった？

ジュリア　ええ、わかったわ。

美香　それじゃね、わたしがジュリアにそのコール・オプションを売ったとするわよ。この場合、わたしの立場はどうなるのかしら？

教授　ジュリアが買った権利を使えば、美香はそのとき売らなければならない義務があるんだ。たとえ売りたくない事情があってもね。

美香　ジュリアが権利を使わないなら、ドルを売りたくてもそれはできないということか……。これでは、権利を売ったほうはいつも受け身なんだわ。なんか損したみたい。

教授　そうだよね、美香は、何か見返りを要求しなきゃ損することになるよね。

良太　ジュリアにはただでは売らないということですか？

美香　あっ、そういうことか。売るとき手付け金をもらえばいいんだわ。

教授　そういうことだよ。オプション取引ではこれをオプション価格といっているんだよ。

良太　ジュリアがその権利を放棄すれば、ジュリアが払ったオプション価格は美香がもらうことになるんですね。それじゃ、こんどは、ジュリアがその権利を使うと、美香に渡したオプション価格はどうなるんですか、ジュリアに返すんですか？

教授　返さなくていいんだ。そういうルールになっているんだよ。

美香　それなら、マンションの手付け金とちょっとちがうみたい。だって、あのときそのまま手付け金を入れたマンションに入居したんだけど、納めた手付け金ははじめの月の家賃に振り替えてくれたから。

教授　たしかにそこがちょっとちがうところだね。

ジュリア　わたしが権利を使ってドルを買うときのレート、たしかこれはオプシヨン取引をするときに取り決めているんですよね。

教授　そうだよ。それを権利行使価格《けんりこうし》というんだ。取引するときに払うオプション価格はこの権利行使価格とは別個のものなんだよ。

良太　いまのはなしではジュリアは美香とオプション取引したんですが、実際はだれと取引するんですか？

教授　銀行だよ。ところで、どうこれまでのはなし、わかるかね？

美香　わかったような気はするんですが……。でも、いまいちちょっとって感じかな。良はどう？

良太　美香と同じだよ。

教授　そうだね、これまでのはなし、ちょっと具体性に欠けてたからね。どういうときに権利を使えば得になるか、あるいは反対に使わないほうが得か、ここらあたりのはなしがぜんぜんなかったからね。それじゃ、こんどは数字を使ってはなしをつづけてみようか。このほうが具体的になるから。ちょっと待ってくれるかな……

　というと、教授はパソコンに向かってなにかブツブツいいながらしばらくキーをたたいていた。

教授　待たせたね。いいかな、いまある自動車会社が輸出した自動車の代金三〇〇万ドルを三ヵ月後に受け取ることになっていたとしよう。現在の為替レートは一ドル一一〇円とする。三ヵ月後為替レートが円高になるのか、それとも円安になるのか自動車会社にとって見通しがたたない。

良太　もし円安になると自動車会社はラッキー、円高になるとアンラッキー、為替リスクに直面したというわけですね。

教授　そういうこと。そこで、この自動車会社で為替リスク対策を担当しているジュリアがこのリスクを回避するために、銀行とドルのオプション取引をすることにした。取引の内容は、「三ヵ月後、一ドル一一〇円で、三〇〇万ドル売る権利を買う」というものだ。つまり、ドルのプット・オプション買いをしたんだね。円のコール・オプション買いといってもいいね。さて、三ヵ月が経ったとき、ジュリアがこのオプションをどう扱うかは為替レート次第だよね。どうするだろうか？　これがここでの問題だ。ジュリア、もし三ヵ月後に円高になったとしたら、どうするかね？

ジュリア　たとえば、三ヵ月経って一ドル一〇〇円になったとします。あっ、そうだ、先生、オプション価格の金額がわからないとちょっと答えようがないんですが……。

教授　そうだね、いうのを忘れてたよ。オプション価格は一ドルあたり五円としょう。

ジュリア　それなら、わたしは権利を使います。権利を使って三〇〇万ドル売ります。一ドル一一〇円で。

教授　なぜかな?

ジュリア　権利を使うと、円が三億三〇〇〇万円手に入ることになります。一方、もし権利を使わなかったとしたら、そのとき買える円は三億円ぽっきりです。オプション価格として一ドルにつき五円、三〇〇万ドル分一五〇〇万円を銀行に払ってますが、これは権利を使っても使わなくても払わなければなりませんから、権利は使うべきと思います。

教授　それじゃ、ジュリアのしたこのオプション取引、やっておいてよかったかな、美香はどう思う?

美香　結論からいえば、取引していてよかったと思います。なぜかといいますと、もしオプションしていなかったら、三〇〇万ドルで三億円しか買えないからです。ジュリアがこのオプションをしていたおかげで会社は三〇〇〇万円の為替差損を避けることができたことになります。

教授　そうだね。ジュリアはみごとに為替リスクを回避したわけだね。では、円安になったら、どうしたらいいかな?

良太　権利を使うのをやめたらいいと思います。三ヵ月後のレートで買うほうがたくさん円が買えるからです。でも先生、もし三ヵ月後の為替レートが円安になりそうだと予想できるなら、オプション取引なんかしないほうが得になりませんか?

教授　そこがむずかしいとこなんだよ。三ヵ月後のレートがどちらのほうへ向かうのかなかなか見通せないというのが現実なんじゃないかな。だから、ジュリアは円高になったときのリスクを避けるためにオプション取引をしたんだと思うが、ジュリア、その点はどう?

ジュリア　その通りと思います。

教授　だいぶんわかってきたみたいだね。いまのはなしで自動車会社をヘッジファンドのような投機集団に置き換えたら、オプション取引がリスクを回避するのに使われるだけでなく、リスクをかけてでも利益を稼ぐ場合にも使われることがわかると思うんだが、どうかな?

美香　ええわかります。三ヵ月後円高になったら、まず安くなったドルを三〇〇万ドル買って、それを高い権利行使価格で売ればいいんですね。

ジュリア　三ヵ月後円安になったら、買う権利を放棄する。その場合はオプション価格だけの損で済むわ。

良太　たくさんのお金を動かす投機集団にとってオプション価格だけで大きい金額の売買ができる。

教授　ばっちりいただいたね。はげしい価格変動にさらされるグローバルなマネー市場で、リスクをできるだけ避けたい人たちにも、さらにはリスクに挑戦して利益を稼ぎたい人たちにも、オプション取引はけっこう重宝がられて使われているんだよ。でも、最初から重宝がられたわけじゃないんだ。

ジュリア　どうしてですか?

教授　オプション価格の算出がネックになっていたんだ。さっきのはなしでは、簡単に一ドルあたり五円でいこうといったが、実際はこんな簡単なものじゃないんだよ。オプション価格をいいかげんにしてオプション取引する人なんていないよね。ところがこのオプション価格を理論的にきちんと、しかもだれでもが算出できるなんてことはそう簡単ではなかったんだ。このネックを解き放ったのが金融工学の発達なんだよ。また情報技術の進歩もそれをバックアップしたんだ。このおかげで理論的にきちんとしたオプション価格が、それも簡単に算出できるようになったんだよ。これがきっかけだね、その後オプション取引が爆発的に普及したのは。

美香　だれなんですか、そんな便利な算出方法を考え出したのは？

教授　マイロン・ショールズ、ロバート・マートン、フィッシャー・ブラックの三人だよ。三人とも金融工学の総本山であるマサチューセッツ工科大学（MIT）で研究していたんだが、そのときの成果がこの算出方法なんだ。

ジュリア　その方法ってどんなものなんですか？

教授　ちょっとこれをみてごらん。

といってパソコンのキーを操作した。すると、画面に一目みただけで拒絶反応を起こしそうな数式が一つ映し出されていた。

教授　これは「ブラック・ショールズのオプション価格算出式」と呼ばれているものだ。この方程式を考え出した功績で、九七年にショールズとマートンはノーベル経済学賞をもらうんだよ。

良太　ブラックはなぜもらえなかったんですか？

教授　その二年前に他界しているんだ。生きてたら当然もらっただろうね。この式ははじめショールズとブラックの二人がつくるんだが、この式が数学的に正しいことを証明したのがマートンなんだよ。じつはマートンがこの式をブラック・ショールズ式と名づけたんだ。このマートンの恩師というのは、世界的にも有名な経済学者で七〇年にはノーベル経済学賞をもらったポール・サムエルソンなんだよ。サムエルソンもMITでオプション理論の研究に取り組んでいたんだが、さすがのサムエルソンもこの研究では教え子の後塵《こうじん》を拝したというわけなんだ。

美香　この式は実際にどう使われているんですか？

教授　ショールズたちの特徴は、オプション理論をつくっただけでなく、それを実践に活用したところにもあるんだ。ショールズたちはロング・ターム・キャピタル・マネジメント（LTCM）というヘッジファンドに参画して理論をマネー・メーキングに応用していたんだ。

良太　それにしてもこの算出式はむずかしそうだな。

教授　そうだね。でもね、この式をみるとすぐ気がつくことなんだ

$$C = S_0 \cdot N(d_1) - K \cdot \exp^{(-rT)} \cdot N(d_2)$$

$$d_1 \equiv \frac{\ln(S_0/K) + (r + \sigma^2/2)T}{\sigma\sqrt{T}} \qquad d_2 \equiv d_1 - \sigma\sqrt{T}$$

C＝オプション価格
T＝満期までの日数
S_0＝現在の株価
K＝権利行使価格
r＝満期日まで継続されると仮定した市中金利
σ＝ボラティリティ
N＝累積標準正規密度
exp＝指数関数を表わす記号で2.718281……を意味する
ln(・)＝(　)内の自然対数をとることを意味する

これがブラック・ショールズのオプション価格算出式，σがポイント

が、決まっていないもの、未定要素とでもいったらいいかな、それはσ（シグマ）という符号だけなんだね。あとの符号は、オプション取引の仕様、内容のことだね、それが決まると、必然的に決まるものばかりなんだ。たとえばだね、Tは満期までの日数だし、Kは権利行使価格だし、……もうよそう、こんな符号の説明は。要は、σだけが未定ということなんだ。オプションを実行するディーラーはこのσの数値をどうするか、それだけ決断すればいいだけなんだよ。決断した数字をこの式に入れてやればオプション価格の理論値がたちどころに出てくるというわけなんだ。

美香　でも、この式に数字を入れて計算するといっても、ちょっとやそっとでできないと思うわ。ねぇ、良、そう思わない？

良太　そう思う。

教授　この式をコンピュータに覚えさせておけば、計算はコンピュータがやってくれる。だから、σがポイントなんだよ。これさえ決まれば、オプション価格はあっという間に算出されるというわけだ。ショールズたちのおかげでね。

良太　それでノーベル賞もんなんですね。

教授　このσのことをディーラーたちはボラティリティと呼んでいるんだ。

美香　ボラティリティって、どういう意味なんですか?

教授　予想変動率、株価や為替レートの予想変動率、株価などの変動の激しさを示すもので、統計学でいう標準偏差のことだよ。ディーラーたちは、オプションを売買するとき、「ボラティリティは何%か?」に神経を集中させる。このボラティリティに賭けるんだ。σの推定にね。このσの推定には参考になる指標もあるんだよ。日経平均オプションの例でいうと、過去二〇日間の日経平均の変動率データから算出したものが日本経済新聞の指標欄に載っている。日経平均HV××%というふうに表記されているものだ。HVとは、Historical Volatilityの頭文字からとったんだ。同じ指標欄にはもう一つボラティリティが載っている。日経平均IV××%と表記されているものだ。これはさっきのブラック・ショールズ式のCに現在のオプション価格を入れると、σが逆算できるだろ。この逆算したσの数値なんだ。IVはImplied Volatilityの頭文字だ。指標欄にあるIVの数字は市場のオプション価格から逆算したボラティリティということになる。これに対してHVは過去のデータから算出されたボラティリティということになる。また、通貨オプションについても新聞の指標欄にこのボラティリティの数字が載っているんだ。こういう指標欄の数字を参考にし

	権利行使価格	7月 終値	7月 前日比	7月 売買高	7月 建玉	8月 終値	8月 前日比	8月 売買高	8月 建玉	9月 終値
〈日経平均オプション・大証〉										
コール	17000	615	＋60	585	3526	730	−20	30	495	970
	17500	300	＋30	1863	9243	515	−5	64	650	630
	18000	125	＋5	3130	9959	310	＋40	82	942	470
	18500	40	−5	2493	5320	160	＋20	191	564	285
	19000	10	−5	300	3160	85	＋10	48	441	—
プット	15500	10	0	209	6238	50	−20	27	2789	120
	16000	15	−15	1822	11365	110	−30	277	1596	205
	16500	55	−30	1379	5433	220	−15	397	1089	350
	17000	145	−60	2565	4377	330	−30	81	637	475
	17500	330	−120	594	740	550	−40	75	390	635

総売買高コール　9428枚　プット　8095枚　日経平均HV　19.3
当日総建玉コール　48279枚　プット　62493枚　日経平均IV　23.9
（注）SGXの建玉は前日

『日経』の「マーケット総合面」で日経平均オプションのHV・IVがわかる

ながら、このσをどう推定するか、ディーラーにとっての勝敗の分かれ目という
ことなんだよ。なんか、はなしがむずかしくなりすぎたかな。

美香　ええ、むずかしいですね。でも、先生がおっしゃりたいこと、なんとなく
ですが、わかります。要するに、ディーラーたちは、持っているノウハウを駆使
して、σを予想し、オプション価格を算出しようとするんですね。

ジュリア　ブラック・ショールズ式はこの操作を簡単にした点に大きな功績があ
ったということですね。

教授　その通りだね。

美香　先生、ちょっと質問があるのですが、いいですか?

教授　どんなことかな?

美香　σについてです。たとえば、ディーラーがこのσを二〇%と予想したとし
ますね。この数字の意味がわかりません。

教授　うーん、美香の質問にきちんと答えるには、統計学の世界にちょっと足を
入れなければならないのだ。美香は統計学について勉強したことあるかな?

美香　高校の数学でちょっとですが勉強しました。

教授　正規分布って知っているかな?

美香　ええ、ちょっとは。

教授　じつは、ブラック・ショールズ式はこの正規分布を前提にしてつくられているんだ。この分布を前提すると、ボラティリティを二〇％に予想するということは、円レートの変動率が年率でプラス二〇％とマイナス二〇％の間に収まる確率が六八％（約七〇％）と予想していることになるんだ。たとえば、現在の円レートが一ドル一一〇円であるとすれば、一一〇円の二〇％は二二円だから、約七〇％の確率で、一年後の円レートは一ドル八八円から一三二円の範囲に収まると予想しているということなんだ。もしオプションの満期日が三ヵ月後であれば、このボラティリティに〇・五を掛ければいい。ということは、三ヵ月後の円レートは、およそ七〇％の確率で、一ドル九九円から一二一円の範囲に収まると予想していることになるわけだよ。ボラティリティをイメージするとすれば、こんなとこかな。

美香　ディーラーがσを予想するということは、オプションの満期日の円レートがどの範囲に収まりそうか、それを予想するということなんですね。

教授　そういうことだよ。なんか急にはなしが細かくなりすぎたね。これ以上深入りすることはよして、別の話題にはなしを移そう。

●ボラティリティと満期日
年率のボラティリティは満期日までの期間に応じてその数値を手直しする必要がある。手直しの計算は、満期日までの日数を三六五で除し、その平方根をとればいい。たとえば、満期日が三ヵ月後であるなら、その平方根は〇・四九六、概算で〇・五となるから、年率のボラティリティにこの〇・五を掛ければ三ヵ月後のボラティリティが概算できる。満期日が一ヵ月後なら〇・三、満期日が二ヵ月後なら〇・四、満期日が半年後なら〇・七を掛けると満期日までの変化に直してボラティリティが概算できる。

良太　その前に先生、もう一つ質問があるんですが、いいですか？

教授　どういうことかな？

良太　さきほど日経平均オプションといわれたんですが、この日経平均オプションってどういうものなんですか？

教授　日経平均株価のはなしをしたよね。ほら、日本経済新聞社が選んだ二二五銘柄の株価平均値のことだ。この平均値を指数と呼べば、指数は時々刻々と変化しているね。そこでこの指数を株価に見立てると、指数そのものが売買できることになる。これを指数取引というんだ。そのオプション取引を日経平均オプションと呼んでいるんだよ。

美香　先生、指数を株価に見立てるって、どういうことですか？

教授　うーん、その説明は先物取引のはなしのなかでしようと思う。それでいいかな。

美香　ハイ。

先物取引

教授　それじゃ、先物取引にはなしを移そうか。この先物取引でまず知っておいてほしいことは、先物取引というのは、デリバティブのなかでもっとも古くからあり、それも日本にルーツがあるということだ。

美香　先物取引って、日本で生まれたものなんですね。知りませんでした。それはいつごろのはなしなんですか？

教授　江戸時代だよ。大坂の中之島にかかる淀屋橋の一角に堂島米会所《どうじまこめかいしょ》という米の取引所があった。当時、全国の米の相場はこの堂島の米会所で取引される相場に左右されていたのだ。もちろんここでも、正米《しょうまい》取引といって現物の米を取引することも行われていたのだが、それは全体の取扱高のごくわずかで、米相場を実際に左右したのは帳合米《ちょうあいまい》取引と呼ばれたものだったのだ。この帳合米取引が先物取引のルーツなんだよ。

ジュリア　帳合米取引とはどんな取引なんですか？

教授　将来のある時期に、これこれの値段で、どれだけ米を売るかまたは買うかをいま取り決める取引のことだよ。

ジュリア　これが先物取引のことなんですね。

教授　そういうことだね。米会所で実際に取引していた人たちを仲買人というの

●大坂堂島米会所
江戸時代、全国の年貢米《ねんぐまい》は海路で大坂に運ばれ、堂島にある米会所で売りさばかれていた。堂島には諸藩の米蔵が立ち並び、各藩では蔵のなかの年貢米を仲買の手を通して会所で売りさばき、藩に必要なお金を調達していた。そのため、幕府をはじめ諸藩の財政は堂島の米相場に大きく左右されたといわれている。

だが、この仲買人たちが帳合米の取引を行うには、取引総額の一〇〇分の一のお金、これを敷銀というんだが、これを納めさえすればよかったんだよ。つまり、わずか一％のお金を前納しさえすれば、その一〇〇倍の金額の取引ができたというわけだね。現物取引にくらべ帳合米取引の扱う金額ははるかに大きかったんだよ。これは先物取引のもつ大きな特徴なんだ。

美香　それで帳合米取引の相場が事実上の米相場になっていたんですね。

教授　そうだよ。オプション理論で功績をあげたショールズの恩師であるシカゴ大学のマートン・ミラー教授、教授も八五年にノーベル経済学賞をもらっているが、彼はこの堂島米会所で行われていた帳合米取引のしくみは現代の先物取引の持っているすべてを完備したものと絶賛しているんだ。

ジュリア　どうして堂島米会所で先物取引をするようになったんですか？

教授　それはね、米の価格はその年の作柄によって大きく変動することもあるだろう。これは作柄によって藩の収入が左右されるということなんだ。なるべく収入を安定させたいと願う藩としては、秋に収穫される米を、前もってある値段で売ることができれば藩の収入が安定すると考えたんだよ。これが先物取引を取り入れたそもそもの動機じゃなかったかな。

●**正米取引**
各藩の蔵に保管されている年貢米を、持参人に渡すことを約した米手形を売買する。一枚の米手形は一〇石を表わし、いつでも米の現物に換わる証書なので、この取引は日本最初の証券市場であり、米の現物市場であったといわれている。

●**帳合米取引**
一年を三期に分け、この期限の間に先行き高くなると見込むなら買い、安くなるなら売る。期限までに買った者は転売し、売った者は買いもどして、値段の差額を現金で清算するしくみになっている。実際の米の受け渡しはせず、帳面上で受け渡しするところから帳合米取引と呼ばれた。わずかな敷銀（前納金）で商いができ、今日の先物取引の原型ともいわれている。

美香　でも先生、藩としては先物で米を売りたいという気持ち、それはわかるんですが、まだ収穫もされてないその米を、だれが買うんですか？

教授　商人だよ。それもリスクを承知のうえで売買する投機家的な商人だよ。みんなが売りたいときに買いに走り、みんなが買いたいときに売って利益を稼ぐ。彼らの存在があってはじめて帳合米取引が成り立っていたんだ。

良太　どうして帳合米取引がデリバティブになるんですか？

教授　お米の直物取引、正米取引といったね、それから派生されたものだからだよ。いまでは、米などの農産物、原油や天然ガスなどのエネルギー、金、銀・銅などの鉱物資源、株式、金利、通貨、債券などなど、いろいろなものが先物取引されているね。そうそう、二酸化炭素など地球温暖化ガスの排出権の先物取引もあるね。

美香　いまいわれたなかで、通貨の先物取引はいつごろからはじまったんですか？

教授　だいぶんあとになるね。七一年に当時のニクソン大統領がドルと金とのリンクをはずすことを世界に声明したね、その翌年、シカゴ・マーカンタイル取引所（ＣＭＥ）に通貨の先物市場が開設されたんだが、このときが通貨先物のはじまりといわれている。これが大成功だったんで、それから間もなく通貨につづいて債券、金利、株価指数などのさまざまな金融商品の先物取引がはじまったんだよ。

良太　ＣＭＥという取引所は通貨などの金融先物だけを扱っている取引所なんですか？

教授　いや、そうではないね。もともとＣＭＥは伝統的な農産物先物を扱う市場だったんだよ。ここの最高責任者、レオ・メラメッドという人だが、かれはいずれブレトン・ウッズ体制が崩壊し、やがては変動相場制になると考えたんだ。通貨取引が自由になり、為替レートははげしく変動する、そうなれば、そのリスクをヘッジするために通貨の先物取引がかならず必要になると読み、通貨についても先物を扱うことにしたんだ。これが通貨先物が世に出る発端なんだよ。

ジュリア　株価指数の先物取引とおっしゃったんですが、これはさっき美香が質問した指数取引の先物のことですか？

教授　そうだよ。それじゃ、ここでさっき美香が質問したことについて説明しようね。指数を株価に見立てるってどういうことか、ということだったね。たとえば、いま日経平均が一万五〇〇〇円だったとするよ。指数取引というのはね、こ

●金融先物取引
金融商品を、決められた証拠金を前納して、将来の特定した日に、一定の数量を、特定価格で売買することを契約する取引。契約時点で現物の受け渡しをせず、先物売りの場合は買いもどし、先物買いの場合は売りもどしを行い、その際生じた差額を決済する。これを差金決済という。先物取引では、一方が利益を得たら他方ではかならず損失を被る。このため、多額の損失が発生し、支払不履行も生じかねない。これを防止するために、損失額が一定以上に膨らむと、担保として証拠金の積み増しが求められる。

の一万五〇〇〇円を日経平均という指数の株価と見立てて売買することなんだ。

美香　日経平均という会社があって、その会社の株を売買するようなものですか？

教授　うまいたとえだね。そういうことだよ。その先物の売買を日経平均先物というんだ。いまの場合でいうと、美香がこの日経平均指数はこれ以上には下がらないだろう、先行き上がるにちがいないと読んだとするね。こう読んだら、美香はこの指数の先物を一万五〇〇〇円で買うんだ。美香の読みどおり日経平均がどんどん上がって一万七〇〇〇円になったとしよう。こんどは美香、これを売ればいいんだよ。二〇〇〇円の差益が手に入ることになるだろ。日経平均先物の売買単位はこの平均株価の一〇〇〇倍が最低なんだ。この単位を枚というんだが、もし美香がこの先物を一枚売り買いしたとすれば、差益はどのくらいになるかな？

美香　二〇〇万円になります。でも先生、これってなんかばくちみたいですね。だって、上場会社の株を買うならその会社の株主になったとか具体性が実感できるけど、指数を買うなんてただ数字を買うだけでしょ。サイコロをころがして出た目の数字の何倍かのお金のやりとりをしているみたいだわ。

教授　サイコロばくちか、おもしろい表現だね。いわれてみればそうかもしれないね。

良太　先生、美香がはじめに先物を一万五〇〇〇円で買うといっても、その一〇〇倍のお金だと、一五〇〇万円が必要になります。日経平均先物を買うといっても、ものすごいお金が必要になりませんか？

教授　いや、そうじゃないんだよ。江戸時代の堂島の米会所と同じで、代金の一部、日経平均先物のケースだと一〇〇万円を前納するだけで買えるんだ。この前納金のことを証拠金という。取引の決済は差額で済ますというのが先物取引の特徴なんだよ。さっきのはなしだと、決済が済むと美香の銀行口座に差益の二〇〇万円が振り込まれることになるわけだね。それに前納していた証拠金もいっしょに振り込まれてもどってくるよ。ただし、売買委託の手数料を払わなければいけないから、振り込まれる金額が三〇〇万円というわけにはいかないけどね。

美香　それじゃ、見込みちがいで差損がでたら、逆にお金を振り込むことになるんですね。

教授　そう。これを差金決済《さきんけっさい》という。これも先物取引の特徴なんだ。

ジュリア　帳合米取引の役割というのはさっきのはなしでよくわかったんですが、この日経平均先物のような取引の役割はどういうものになるんですか？

教授　イギリスの王室銀行ベアリングズが破たんし、オランダの金融コングロマリット（複合企業）ＩＮＧに買収されたことは新聞などでも大きく報道された。それは九五年のことだ。この破たんの原因は何だったのかといえば、ベアリングズのシンガポール支店に在籍していたニック・リーソンという二八歳のディーラーが投機目的でやったデリバティブの失敗で巨額損失をだしたことなんだ。かれのやったデリバティブは日経平均先物の売買を中心にオプションなんかを組み合わせたものといわれている。この例でわかるように、指数先物はわずかな証拠金で巨額の取引ができるので、投機によく使われるんだ。リスクの大きい取引なので、失敗するとベアリングズのようになるんだよ。しかし、この日経平均先物を利用する本来の意味は投機に利用するということではないんだ。これをよく利用しているのは、大量の株を保有している保険会社のような機関投資家なんだ。たとえば、この機関投資家が、三ヵ月先に日経平均株価が下がると予想した場合、保有する株を売ってしまえばいいわけだが、株数が大量なんで、そう簡単には売れない、売れないまま株価がどんどん下がっていくということもあるよね。望んでいた値段で売れないというわけだね。これを切り抜ける一つのやり方が、持っている株を売るのではなく、日経平均先物を売っておき、予想どおりに株価が下落したら先物を買いもどすことなんだよ。そうしたら差益が出るだろう。この差益で保有している株の損失を埋め合わせるんだよ。損失を完全にカバーできるとはいえないかもしれないが、うまくやればかなり補塡《ほてん》できるんだ。保有する株の株価変動によるリスクをヘッジする、これが指数先物のもつ本来の意味といっていいね。

美香　さっきの通貨先物のはなしなんですが、この先物取引がアメリカのＣＭＥではじまって、大成功だったということですが、なぜ成功したんでしょうか？

教授　それはね、この通貨先物のもつメリットが高く評価されたからだよ。

美香　メリットって何ですか？

教授　いまアメリカから映画を買い付けている日本の映画輸入会社があったとするね。この映画輸入会社は三ヵ月後にアメリカの映画配給会社に一〇万ドル支払う予定になっていたとしよう。現在の円レートは一ドル一一〇円とする。為替レートの先行きを見通すのはむずかしい。映画輸入会社にすれば将来円安にはなってほしくない。そこでそのリスクを避けるために通貨の先物取引をするんだ。具体的にいえば、三ヵ月後に一ドル一一〇円で一〇万ドル買う契約をいますするんだよ。三ヵ月経って一ドル一一五円になったとする。円安だね。映画輸入会社は一一五〇万円用意して一〇万ドルに替え、それをアメリカの配給会社に支払うことになるよね。三ヵ月前の円レートにくらべ、五〇万円損した勘定になる。為替リスクをもろに受けたわけだ。しかしこの輸入会社は通貨先物を手配していたんでこの損失を避けられるんだよ。一ドル一一〇円で一〇万ドル先物で買っているわけだから、この先物で買った一〇万ドルをすぐ一一五円で売れば、五〇万円の差益が手に入るね。さっきの損失が埋め合わされることになったわけだ。もっとも、実際には取引所に手数料を払うことになるから多少のコストはかかるがね。

ジュリア　うまく使えば為替リスクがヘッジできる、これがメリットなんですね。美香、わかった？

美香　わかったわ。

教授　それじゃ、美香に質問するが、もし三ヵ月後一ドル一〇〇円になったとしたら、どうなるかな？

美香　円高ですね。一〇〇〇万円用意して一〇万ドル支払います。三ヵ月前の円レートにくらべ、この円高で五〇万円得したことになります。でも、先物では五〇万円の差損が発生していますので、結局は、先物で損しても直物で埋め合わすことができたことになります。

教授　そういうことだね。

良太　先生、さっき一一五〇万円を用意して一〇万ドル支払うといわれたんですが、先物で買った一〇万ドルで支払えば、なにも一一五〇万円も用意しなくてもいいのとちがいますか?

教授　それがそううまくいかないんだよ。通貨先物というのは、CMEのような取引所で売買されているだろう。だから、取引が定型化されているんだよ。

美香　定型化ってどういうことですか?

教授　決済が三月、六月、九月、一二月の三ヵ月ごとと決められているんだ。輸入会社が支払うのに都合がよいようになっていないんだよ。それに取引の単位も五万ドル単位に決められているしね。この点、為替先物予約は自由なんだよ。

ジュリア　そういう先物もあるんですね。やはり為替リスクを回避するためのものなんですか?

教授　そう。これは貿易会社などが銀行との間でかなり昔からやっている先物取引なんだよ。こんどはこれについてちょっとはなししてみようか。たとえば、いまアメリカにスプーンなどの金属製の食器を輸出している会社があったとしよう。こういう会社は新潟県の燕《つばめ》市に多いよね。この食器メーカーには二ヵ月後輸出代金一〇万ドルが入る予定になっている。いまの円レートは一ドル一一〇円としよう。二ヵ月後円高になると、この食器メーカーはアンラッキーだよね。そこでこの為替リスクを避けるためによくするのが為替先物予約なんだ。

美香　為替先物予約は銀行と取引するんですね。ここが通貨先物とのちがいですね。で、どうするんですか？

教授　銀行にいって二ヵ月後に一〇万ドルを日本円に替える為替予約を依頼するんだよ。依頼を受けた銀行は、いまの為替レートで一〇万ドルを売って円に替える。外国為替市場で直物取引をしたというわけだね。

ジュリア　銀行はその一〇万ドルをどうして手に入れるんですか？

教授　ドルを貸し借りする金融市場からだよ。金利を払って借りてくるんだ。それを直物レートで売るわけだね。売ると一一〇〇万円手に入るだろう。食器メーカーがそれを受け取るのは二ヵ月後だよね。そうすると、その間この一一〇〇万円をだれかに貸し付けたりいろいろ運用できるんじゃないかな。

美香　運用すると利子が稼げる、そういうことですか？

教授　そういうことだよ。ドルを借りてくるときはドルの金利、円で貸すときは円の金利、それで払ったり受け取ったりする。もしドルの金利が七％、円の金利

新潟県燕市
日本を代表する中小企業の輸出型金属加工産地。燕の金属洋食器は最盛期には世界消費量の四〇％を出荷していた。八〇年代後半の急激な円高に加え、中国など途上国の追い上げで産地は輸出競争力を失う。雇用調整や企業淘汰の試練を乗り越え、いまでは金属洋食器だけでなく、ステンレスを使った建材など新しい分野にも進出し、復活を遂げた。

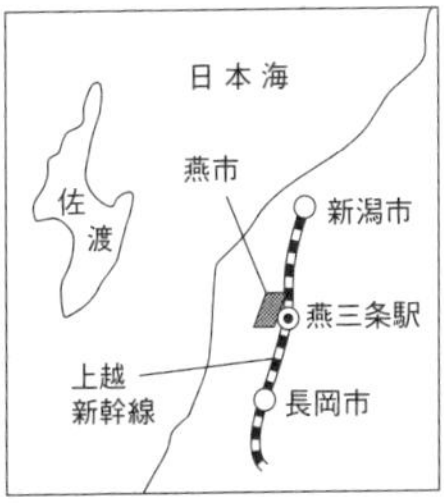

が三％とすると、差し引き四％の金利を払えばいいということになる。この差し引き四％の金利は食器メーカーの依頼した為替先物予約にともなって生じるコストと考えられるね。銀行はこのコストを依頼主に払ってもらうことにするんだよ。もっともこの場合、為替予約は二ヵ月ものなので、四％の六分の一、つまり〇・六七％の金利ということになる。直物のレートが一ドル一一〇円だから、その〇・六七％は七四銭、この七四銭を一一〇円から差し引くと一〇九円二六銭になるね。これが二ヵ月後に一〇万ドルを円に替えて受け渡しするときの為替レートになるんだ。食器メーカーの手元に入る金額はおよそ一〇九三万円になる。もっともこれに銀行に払う手数料も加算されるのでもうちょっと少なくなるがね。それでも為替リスクはかなり避けられたことになったといえるだろう。

ジュリア　為替先物予約というのは、将来売るドルをいま銀行から融資を受けるということですか？

教授　そう考えてもいいね。

美香　その融資を受ける金利がいまのレートの〇・六七％だと考えていいのですか？

教授　そうなるね。最近は、外貨預金をしている個人預金者も、為替リスクを避

●**為替先物予約**
金額や受渡日をあらかじめ決めてドルを円に替える契約をする。輸出業者などが将来受け取る外貨を円と交換するときの条件を銀行と前もって決めておくのでこう呼ばれている。

けるために、銀行にこの為替予約を申し込むケースが増えたといわれているんだよ。

レバレッジ効果

美香　先生、これはわたしの感じたことなんですが、為替先物予約が融資の性格をもっているとすれば、これで銀行から融資を受け、それを元手に、その数十倍の金額の日経平均先物やオプション取引をすることが可能になると思うのですが、そう思っていいんでしょうか?

教授　いいポイントをついたね。いま美香が指摘した、手元にある資金の何十倍ものマネーを動かすことを可能にする、これがデリバティブのもつ本質なんだ。これをレバレッジ効果というんだ。アジア通貨危機の際に物議をかもしたヘッジファンドはこのデリバティブのもつレバレッジ効果を最大限に活用したんだよ。ノーベル賞学者のショールズやマートンが所属したLTCMがかけていたレバレッジは二五だったといわれている。つまり、純資産の二五倍のマネーを運用していたわけだ。平均的なヘッジファンドがかけるレバレッジがおよそ四といわれて

レバレッジ
信用創造ともいう。手持資金を担保にさらに資金を借りる融資レバレッジ、わずかな前納金（オプション価格や証拠金など）で多額の売買をする市場レバレッジなどがある。この二つを組み合わせると、少ない手元資金でその数倍、数十倍の取引ができることから、よく「てこの原理」ともいわれている。

いるから、ＬＴＣＭのレバレッジは桁ちがいに大きいことがわかる。うまくいくともうけも大きいが、へたをすると被る損失もそれだけ大きくなり、返済不能に追い込まれるというわけだよ。ＬＴＣＭは九八年のロシア危機のとき、純資産の数倍におよぶマネー運用に大失敗して桁外れの損失を被ってしまい、破たん寸前に追い込まれたよね。これが何よりの証拠だよ。

美香　デリバティブって、結局は、手持ちの資金の何倍かの、さらには何十倍かのマネーを運用するのに使われる金融取引なんですね。

ジュリア　このレバレッジ効果がマネーを地球上に駆けめぐらせることを可能にしているんですね。

教授　外国為替市場での取引総額のほとんどが投機によるものといわれている一つの根拠は、このデリバティブのもつレバレッジ効果にあるんだよ。

良太　ということは、スワップ取引にもレバレッジ効果があるということですか？

教授　そうだよ。ヤクルトという会社があるだろう。あの会社はこのスワップ取引を投機に使って巨額の損失を被り、何人かの役員が責任をとって辞職したんだ。

スワップ取引

ジュリア　先生、スワップって交換する、取り替えるという意味ですね。何を取り替えるんですか?

教授　通貨、金利、債券、株券などいろいろだよ。

美香　どうして取り替えることなんかするんですか?

教授　それじゃ、こんどはスワップ取引のはなしをしよう。よく活用されているのが金利なので、ここでは金利を取り替える、つまり金利スワップを取り上げよう。いま二つの会社があって、一つは美香が経営しており、もう一つは良君が経営しているとしよう。この二つの会社を美香社と良社と呼ぼう。美香社は超優良会社で世間の信用も高い。良社のほうは、しっかりはしているが、これからの会社で美香社にくらべると世間の信用はまだいまいちとしよう。この二つの会社が銀行からお金を借りるときに払う金利には二通りのものがある。その一つは借りてる期間の金利が一定で変わらない固定金利、もう一つは三ヵ月ごとに金利が見直される変動金利である。美香社が固定金利でお金を借りるときに払う金利は四%、良社だとそれが八%になっているとしよう。

スワップ取引
異なる種類の通貨や金利ベースの異なった金利支払などについて、複数の当事者が合意する条件で交換する取引。為替や金利の変動をヘッジするためや通常の手段では調達困難な資金を集めるために行われる。

良太　ものすごく差があるんですね。どうしてですか？

教授　信用に差があるからだ。銀行は良社の信用を低くみてるんだよ。しかし、変動金利にはそんなに差をつけない。銀行が三ヵ月の貸出しに際して基準としている金利のことを基準金利というんだが、変動金利とはこの基準金利に何％かの金利を上乗せしたものなんだ。美香社の変動金利は基準金利に一％上乗せしたもの、良社のそれは基準金利に二％上乗せしたものとしよう。固定金利ほど差がないよね。銀行は変動金利が三ヵ月ごとに見直されるので固定金利ほど差をつけないんだ。

ジュリア　三ヵ月という短期だと、銀行は会社の信用力をさほど重視しなくてもよいと判断するわけですか？

教授　そうだね。さてここでだ、美香社はこれからまだまだ基準金利が下がると予想し、変動金利での借入れを望んでいるとしよう。一方の良社はそういう予想はせず、金利が変動しない固定金利での借入れを望んでいるとしよう。こういう状況にあったとき、実は、美香社と良社が金利の支払いを交換する金利スワップを行うと、両社ともにより低い金利でお金が借入れられるんだよ。

美香　えっ、どうしてですか？

教授　それはだね、美香社はとりあえず固定金利で借りるんだ。そして、良社は変動金利で借りるんだ。あっ、そうか、ちょっといい忘れていたが、美香社も良社も銀行から金額一億円を五年間借りるとしよう。借りたあと、金利をスワップするんだよ。美香社は良社が払うべき変動金利を払い、良社は美香社が払うべき固定金利を払うんだ。こうすれば、美香社は望んでいた変動金利で、良社も望んでいた固定金利で一億円を借入れたことになるだろ。

美香　いわれるとそうかなとは思うんですが……、良はどう思う？

良太　同じだよ。先生、こんな金利の取り替えっこをして、二つの会社は得することになるんですか？

教授　それじゃ、ちょっと数字を入れて説明してみようか。それにはスワップの内容をきちんと取り決めておかなければならない。ここで、単純に金利をスワップせず、少し金利を調整してスワップするとしよう。具体的にいうと、美香社は良社に基準金利プラス一％を支払い、その代わりに良社から六％の固定金利を受け取るのだ。こういう内容を互いに取り決めてスワップするわけなんだよ。早速スワップした結果をみてみよう。美香社はとりあえず固定金利でお金を借りたんだから、その金利四％を払うことになるよね。これにスワップで良社に基準金利プラス一%を払う。これで支払分は基準金利プラス五%になる。これから良社から受け取る金利六%を差し引けば基準金利マイナス一%になるね。結局、この金利スワップで、美香社は本来払う金利より二%低い変動金利で一億円借りたことにならないかね。一方の良社は本来のものより一%低い七%の固定金利で一億円借りたことになるね。どちらもこのスワップで得したわけだ。これがスワップ取引の特徴なんだ。

ジュリア　先生、美香社は固定でも変動でも良社より優位な立場にありますよね。それなら、何もこんなスワップなどせずに、美香社は変動金利で一億円、固定金利で一億円借り、そのうち固定金利で借りた分を良社に、たとえば六・五%の固定金利で貸せば、美香社は二・五%も低い変動金利で借りられ、良社は一・五%も低い固定金利で借りることができると思うのですが……。

教授　又貸しするんだね。いまジュリアが指摘したことは、優良会社が余分にお金を借りてその一部を系列の会社に又貸ししてグループとして金利を低くする例としてときどきみられるものなんだ。でもね、もし良社が倒産したら、貸してたお金もそうだけど、金利ももらえなくなるんじゃないかな。

ジュリア　あっ、そうか、銀行より低い金利で良社にお金を貸すことは銀行より高いリスクをしょい込むことですものね。やはり無理なんだ。

教授　どう、デリバティブの基礎の基礎しかはなせなかったが、およその輪郭くらいはつかめたかな？

ジュリア　ハイ、なんとか。おはなしを聞くまではまったく知らない世界でしたので、はじめからおもしろく、興味深く聞くことができました。

教授　それはよかったね。

3　新しいマネーの実験

チューリップ投機の警告

教授　どうやらこの講座のマネー経済探検も終幕に近づきつつあるが、どうだろうか、ここらで、これまでのはなしを振り返ってみてはと思うんだが……、そうだな、ジュリアに口火を切ってもらおうか。ジュリア、君にとっていちばん衝撃的なはなしは何だったかな?

ジュリア　わたしの場合、振り返ってみると、出てくるはなしのほとんどがはじめてのことばかりだったので、どのはなしも衝撃的だったといえるんです。でも、そのなかから一つだけあげるなら、そうですね、やはり貿易で必要とされるマネーの一〇〇倍近いマネーが地球上のコンピュータ・ネットワークを駆けめぐって取引されているという事実を知ったことですね。上高地に来るまで、こんなこと具体的にまったく思ってもいませんでしたから……。

美香　わたしもそう。一つだけあげるとすれば、やはりジュリアと同じだわ。ジュリアがいったことに付け加えるとすれば、手持ちの資金の何十倍ものマネーを動かすデリバティブ取引の開発とか金融情報技術の驚異的進歩があってはじめて、マネーがマネーをつくって地球上を駆けめぐるようになったということね。それにこういうハイレベルの知識や技術をこなさないと、これからマネーの世界で仕事ができそうもないことがわかったこともね。こういうことって、ここへ来るまでぜんぜん知らなかったから……。

ジュリア　でも、いくらそんな知識を持っていても、失敗することもあるということも知ったよね。ＬＴＣＭの例で。

美香　そうそう、それからベヤリングズ銀行の例もあったわ。でもさ、金融って、こんなに知識も技術もハイレベルの世界だとは思ってもいなかったわ。社会とか経済は、わたしたちが知らない間に、ものすごく早いスピードで動いているんだ、ここで勉強してすごく実感させられちゃった。そう思わない？

ジュリア　そう思う。

良太　ちょっと待ってよ。こんどはぼくにもいわしてよ。

美香　あっ、ごめん。

良太　ぼくは今日はじめにあったアジア通貨危機のはなしが衝撃的だった。タイなどアジアの国々の経済がヘッジファンドのマネー投機で血まみれにされてしまったなんて、いままで知らなかったから……。

美香　そうね。襲いかかる投機マネーの暴力というのかなぁ、マネー投機が鉄砲水のように押し寄せると、貧しい国の人たちの生活なんてあっという間もなく押し流され、むちゃくちゃにされてしまう現実、これを知ったとき、ホントこんなことでいいの？　って考えさせられちゃったもんね。

ジュリア　それはわたしも同じ。富める人たちの利が利を生むマネーの横暴ね。通貨戦争って、こういうことだったんだということを知ったこと、やはり衝撃だったよね。でもさ、いまはなし合ったことって、考えてみれば、もともとはニクソンがもうドルと金の交換はしないよと宣言した、あの宣言がはじまりだったと思わない？　だって、それからでしょ、変動制になって、通貨が商品として取引されたり、デリバティブ取引がますます複雑になったりしたのは。だから、わたしたちの受けた衝撃の元をただすと、あのニクソンの宣言に行き着くと思うの。美香は、どう、そう思わない？

美香　なるほど、いわれてみればそうかもしれない。はじまりはニクソン・ショックというのね。先生、そうなんですか？

教授　みんなのはなし、おもしろく聞かせてもらったよ。マネーのグローバル化、マネーの暴力化、こうした現象が、少ない資金でも巨額な取引を可能にするデリバティブや金融情報技術のノーベル賞クラスの開発によってもたらされたという現実、これを知って衝撃を受けたというみんなの気持ち、やはりそうかなと思う。それに、衝撃の元をただしていくと、ニクソンのあの宣言にはじまるというジュリアの指摘、おもしろい見方だと思うね。その通りだと思うよ。本来、マネーというのはひたいに汗して働いて手に入れるもんだよね。ところが現実では、高度な金融技術を身につけた少数の人たちがモニターの前で、キーボードを操作して巨額のマネーを右から左へと動かして利ざや稼ぎに狂奔《きょうほん》している。これをみると、なんか異常なんだよなぁ。おそらくみんなの気持ちのなかにもこうした感情があったんじゃないかな。

ジュリア　あったと思います。やはり異常ですよ。これって。

教授　若い人たちにマネーのはなしをすると、最後にいいたくなるのがこのことなんだよ。すごい頭脳を持つ人たちが考え出したデリバティブのような技術は本当にわたしたちの社会に役立っているのだろうか、若い人たちに真剣に考えてほ

ミヒャエル・エンデ　『モモ』などの作品で世界中によく知られたファンタジー作家。一九九五年ドイツ・ミュンヘンで死去。生前、エンデ自身最後まで問いつづけたのがマネーの問題であった。利が利を生むマネーに翻弄される現代のマネー経済に疑惑の目を向け、人間のためのマネーを構築することの大切さを、ファンタジーの世界で、世界の多くの人たちに気づかせた。

しい……とね。

美香　先生がおっしゃりたいこと、よくわかります。でも一方では、こうした技術のメリットも主張されていると思うんですが……。

教授　そう、そうした主張もたしかにあるね。デリバティブを有効に使えば、どのくらいリスクがあるかが計算できる。一方で、お金には余裕があるが、リスクが恐くて投資できない人たちがいる。そうした人たちにリスクはこのくらいと知ってもらえば、余裕資金を投資に回してくれるようになる。そのお金はマネー市場をうるおし、たくさんの会社が安いコストでお金を調達できるようになる。だから、デリバティブ取引は社会に役立つ技術なんだ、とね。これが、デリバティブ取引を積極的にする人たちなんかがいうメリットだよ。でも、ほんとうにそうなんだろうか、ちょっとちがうんじゃないのというのがさっきの問題提起なんだ。

良太　どうちがうんですか？

教授　デリバティブ商品を売る側はプロで、リスクについては熟知しているよね。一方、買う側の投資家にはしろうとが多く、リスクを知る能力に乏しい。もしそうなら、投資家はいつも正しいリスク情報を知らされるとは限らない、そういえないかな。

ジュリア　いえますね。それで損失を被った投資家がいるんですね。

教授　いるんだ。その典型が九四年に起きたカリフォルニア州オレンジ郡の巨額損失事件だよ。

ジュリア　どんな事件なのですか？

教授　オレンジ郡というのはね、地図上でいえば、ロサンゼルスの下に位置しており、人口は二七〇万人ほどかな、でもそこに住んでいる人のなかには多額納税者が多く、全米でも財政豊かなところなんだよ。

美香　ジュリア、アメリカの郡って、日本でいう何々県何々郡というその郡のこと？

ジュリア　そうじゃないと思うわ。日本に当てはめれば、何々県の県になると思う。先生、そうですよね。

教授　そうだね。日本でいえば県とか府になるね。アメリカの郡には、税金で集めたお金を運用する仕事を担当する財務官という制度があるんだが、オレンジ郡の財務官が、証券会社などの口車に乗って、事もあろうに、集めた税金をデリバティブ取引で投機をして、日本円にして一五〇〇億円もの損失を出してしまった事件なんだ。

良太　税金を投機に使っちゃったんですか。ひどいはなしですね。

教授　あとでわかったことなんだが、この財務官、デリバティブについてまったく無知だったんだ。法律的にも倫理的にも、この財務官の責任は免れないが、リスクを隠してこういう取引を進めた売り手側も、法律的には責任は問われなくても、倫理的責任はあると思うがね。

美香　現実のマネー市場は理想どおりにはいかないということですか？

教授　そういうことだよ。それに、取引されているグローバル・マネーの九〇％以上が投機によるものといわれているよね。ヘッジファンドの総帥ソロスが絶頂だったころ、かれは地球規模で動く一日のマネーの量は二〇〇〇兆円は下らないとうそぶいたそうだが、この真偽《しんぎ》は別としても、想像を絶する巨額の投機マネーが地球上を駆けめぐっていることはたしかだ。しかし考えてごらん、そのマネーの正体はデリバティブのレバレッジ効果で大きくふくらんだものであって、何かの拍子《ひょうし》で破裂しかねない巨大な風船みたいなもんじゃないかな。それも大きなリスクをぶら下げた……　破裂しちゃったらどうなると思う？

美香　市場は大混乱になると思います。

教授　こういうはなしになると、一六三〇年代にオランダで起きたチューリップ投機事件がよく引き合いにだされるんだ。ちょっとタイム・スリップして、このチューリップ投機のはなし、そうだなぁ、その終幕あたりのところを取り出してはなししてみよう。

良太　先生、チューリップって、あの花のチューリップのことですか？

教授　そうだよ。ただ、はなしに出るのは、咲いたチューリップでなく、その球根のことだがね。一六三七年初春のある日、フランソワ・コスターというオランダ商人が六六五〇ギルダーもの大金を払って一二個のチューリップ球根を手に入れた。ギルダーとはオランダの通貨単位のことだ。この金額がとてつもない大金であることは、その当時四人家族の家庭がゆったり暮らしていくのに必要なお金は年間でせいぜい三〇〇ギルダーもあれば十分といわれていたこととか、同時代の人気画家レンブラントがあの最高傑作『夜警』で得た金額が一六〇〇ギルダーだったことくらべれば、すぐわかるよね。

ジュリア　球根一個に五五四ギルダーも払ったんですか。狂ったとしかいえませんね。

教授　そうね。しかもコスターはこの球根を植えて、花を咲かせて楽しむ気などさらさらなかった。手に入れた球根をそのまま右から左に流すだけで巨額の利ざやが稼げると踏んだんだ。それが狙いで球根を買ったんだよ。

美香　チューリップ球根の投機ですね。コスターだけでなく、たくさんいたのですか、こんな狂った投機をした人は？

教授　いたね。アムステルダムの北側の海沿いにアルクマールという小さな街があるんだが、その街で、その年の二月五日の晩、チューリップ球根の競売があったんだ。身を切るような風のなか、オランダのあちこちからやって来た人たちは、せりがはじまると、すぐに狂乱状態になった。玉ねぎとたいしてちがわないこの球根に四〇〇〇、六〇〇〇、さらに一〇〇〇〇ギルダーの高値がついていき、ついに一個二〇〇〇〇ギルダーを超えてしまうんだ。この晩の取引総額は九万ギルダー、いまの日本円でいえば、一五億円ってとこかな、ばく大な金額だよね。

美香　信じられない！

教授　信じられないこと、もうちょっといおうか。当時の記録によると、センパー・アウグストゥスという品種の球根一個に六〇〇〇ギルダーの値段がついたんだが、これが記録上の最高値ということだ。それから球根一個と家一軒を交換した記録も残っている。

良太　ほんとですか、球根一個と家を交換するなんて、信じられないよ！

教授　その家、いまもちゃんと残っているよ。チューリップの家と名づけられてね。

ジュリア　コスターはうまく利ざやが稼げたのですか？

教授　いや、コスターの読みはみごとにはずれる。かれが大金を投じて球根を買ってから数日も経たないうちに、みるみる値が下がり、ほとんどただ同然の値段まで下落してしまうんだよ。

美香　それじゃ、コスターは大損してしまうんですね。

教授　そうなんだ。結果は破産しかなかった。破産したのはかれだけでなかった。チューリップ球根に大金を投じたたくさんの人たちが破産してしまうんだよ。

ジュリア　先生、たくさんの人たちが球根にお金を、しかも多額のお金を投じたということですが、そのお金って、どこから調達したんでしょうか？

教授　家を売ったり、家畜を売ったり、いろいろだと思うが、多くの人はね、先物取引をしたんだ。それだと手持ちのお金が少なくてもできるからね。

美香　えっ、その当時、先物取引が行われていたんですか？

教授　あったんだよ。もっとも素朴なものだけどね。その当時は、ビントハンデル、日本語でいえば、風の取引ってとこかな、そう呼ばれていたがね。来年収穫される球根にまで値がついて取引されていたんだ。現物取引や先物取引だけでないんだ、当時行われていたのは。来年の球根を買う権利の売買もあったんだ。オプション取引のことだね。

良太　デリバティブがあったんだ、その当時……。

教授　そう、いまから四〇〇年も前に、そのデリバティブ取引の原型みたいなものが芽生えていたんだね。利を得ようとする人間の執念みたいなものを感じるね。しかしこの執念、球根の値段が暴落することで、ことごとくつぶされてしまい、あとは大破局が待っていただけだった。いわゆるバブルの崩壊だね。このあと、オランダは深刻な不況におちいり、苦境に追い込まれていくんだよ。どう、この結末、いまが花盛りのデリバティブ取引で成り立つマネー経済の行く末を暗示していないかな。

ジュリア　恐いくらい暗示してます。

美香　チューリップ投機の警告、これですね、先生がおっしゃりたいことは……。

教授　そうなんだよ。それにしてもうまく表現したね。チューリップ投機の警告、まさにその通りだね。

ヨーロッパ統一通貨《ユーロ》の誕生

教授　これまでのはなしで、マネーがただ増えればいいんだということで地球上どこにでも投機マネーが飛び交うなら、一歩誤れば、世界経済を大混乱させるだけになってしまうことがわかったとは思うんだが……。

美香　ええ。アジア通貨危機がその例でした。タイなどアジアの人たちの暮らしぶりがよくなりはじめたとたん、投機マネーによってあっという間に悲惨な状況になっちゃいました。いまもその後遺症に悩まされています。

教授　そうだね。マネーが金もうけの論理で一人歩きしちゃうと、一生懸命働いている人たちを困らせる存在になってしまうというわけだね。それに、いま世界中で基軸となって動いているマネーはアメリカのドルだよね。そのアメリカ経済、いまは絶好調なんだが、何かの拍子で投機マネーの失敗による直撃で大混乱にでもなれば、ドルが暴落し、それがストレートに世界中に波及しかねない。心配だよね。そこでだ、みんなでもっと知恵を出し合って、マネーがみんなのために、社会のために役立つ存在になるようにしようよ、という動きが出てくるんだ。

◎地域通貨の試み
マネーは単純な交換手段ではなく、言語と並ぶコミュニケーションメディアであると考え、人びとがコミュニケーション可能なローカルな範囲で互いに信頼しあえる通貨を築く試みが世界で広がりつつある。その地域だけで通用し、国や市役所などでなく、地域の人たちが中心になって発行し、管理している「地域通貨」と呼ばれるのがそうした試みである。現在、「LETS」（地域経済振興システム）など世界に二〇〇〇以上、日本でも滋賀県草津市で流通する紙幣など三〇以上存在している。エンデの思想につながるマネーといわれている。

ジュリア　具体的にどういう動きがあるんですか？

教授　ヨーロッパの統一通貨《ユーロ》の登場なんか、その動きの一つだね。

良太　それってこんどヨーロッパ各国で新しく通用される通貨のことですか？

美香　そう、そのことだと思うわ。先生、この《ユーロ》は、EU加盟国が為替変動にともなうリスクなどを避けるために、いままで使っていた自国の通貨を廃止して導入されるものだそうですが、そうなんですか？

教授　まぁ、そういうことだね。

良太　美香、EU加盟国って、どういう国のこと？

美香　EUって、ヨーロッパ連合のことなの。たしか一五ヵ国加盟してるはずよ。イギリス、ドイツ、フランス、イタリア、オランダ、スペイン、オーストリア、フィンランド、それからデンマーク、スウェーデンでしょ、えーと、あとは何だったっけ、ジュリア、いってみて……

ジュリア　ベルギー、ルクセンブルク、アイルランド、ポルトガル、それから……そうそうギリシャね、これで一五ヵ国にならないかしら……。

教授　それでちょうど一五ヵ国だね。ただこの一五ヵ国のうち、イギリス、デンマーク、スウェーデンの三ヵ国は、いまのところこの通貨統合への参加を見合わ

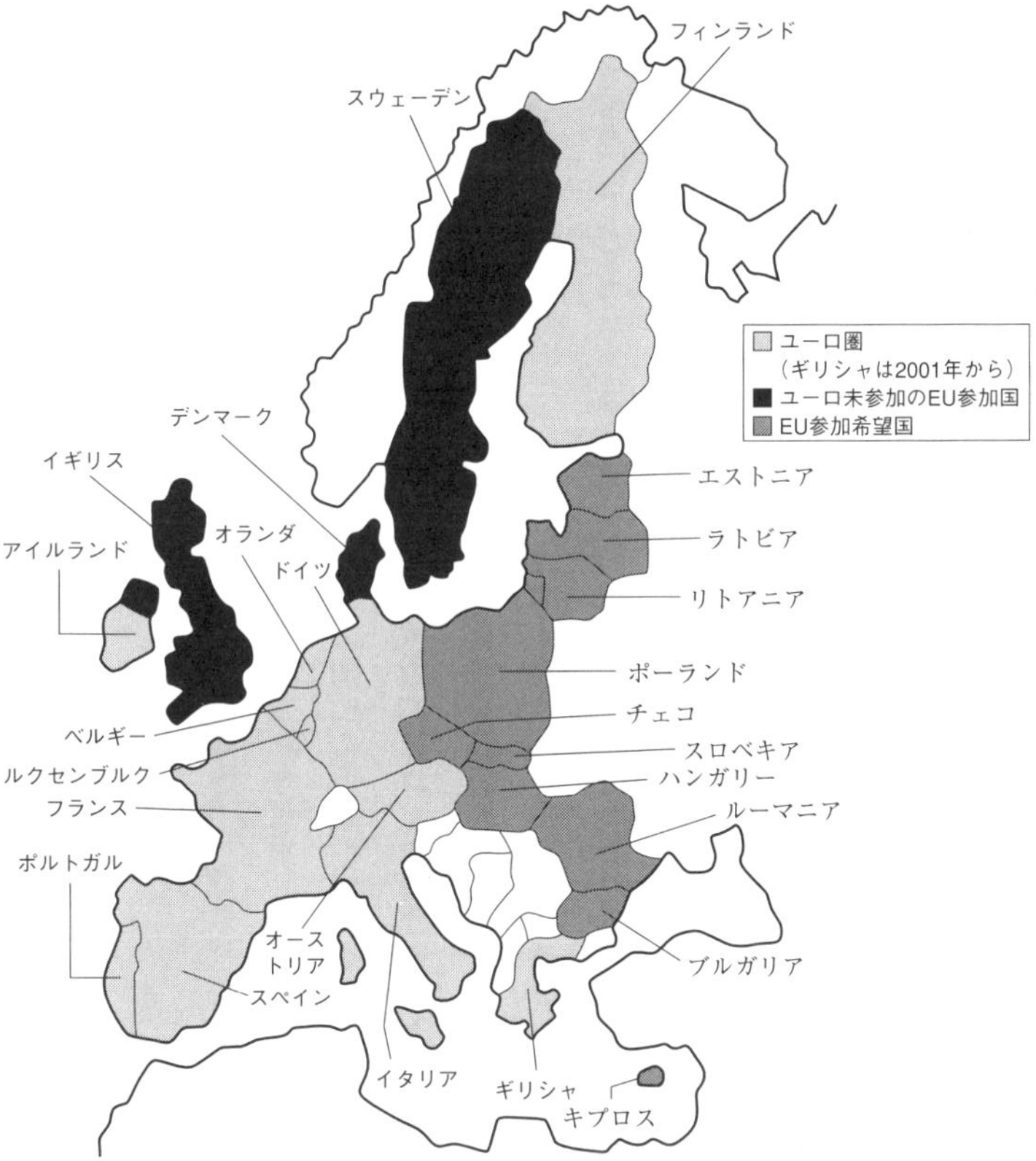

EUは，1998年から中・東欧などの参加希望国との交渉に入り，26ヵ国・5億人のヨーロッパ共同体を目指している。1999年1月から通貨統合がはじまり，2002年にはユーロ通貨が流通することになっている。ゴチック体の国は現在のEU参加国。

せているけどね。また、ギリシャは、二〇〇一年から参加すると表明している。だから、現在のユーロ圏といえば、これら四ヵ国を除いた一一ヵ国になるんだよ。

ジュリア　イギリスはどうして参加を見合わせているんですか？

教授　国民感情だね。イギリス国民の六割の人たちが反対しているんだ。長年使い慣れてきたポンドに対する愛着がイギリス国民に色濃く残っているんだよ。もっともロンドンの金融街シティや産業界の人たちには、このままだとイギリスは乗り遅れちゃうといって参加したい気持ちが強いようだがね。まぁ、いずれは参加するという見方が一般的だね。これはイギリスだけでなく、デンマークやスウェーデンでも同じだよ。

美香　もしも日本の円がなくなるといわれたら、わたしだってすごく抵抗を感じると思うわ。いくら経済面でそれが合理的だといわれても……です。だから、ヨーロッパの人たちがそうした国民感情を超えて通貨統合をやろうとした背景にはもっとちがった思いがあるように思えるんですが、先生、どうなんでしょうか？

教授　その通りだと思うよ。イギリスだけでなく、いち早く参加を表明したドイツやフランスの人たちだって、これまで使っていたマルクやフランがなくなるこ

●「エキュ」の実験
ECU、欧州通貨単位のこと。一九七八年、《ユーロ》の導入にあたって、加盟一五ヵ国の通貨を、その経済力に応じてウエイトづけして平均値を算出し、それを通貨価値とした人工通貨エキュをつくった。エキュのメリットは、ドルの急激な変動から受ける影響を緩和でき、それだけ輸出競争力の低下を避けることができるということである。エキュは八〇年代を通じて、国際通貨の激しい変動に対する安定装置として機能した。統一通貨《ユーロ》は、計算単位として使われてきたエキュを、実際の流通通貨にしたものである。《ユーロ》の前身にあたる。

とに対する抵抗は心のなかにすごくあるはずだよね。参加を表明したほかの国の人たちも同じだと思うな。それを超えて通貨統合をやろうとする思いとはなんなのか？　その思いを簡潔にいえば、「平和への希求」じゃないかな。なにせヨーロッパの歴史は戦争の歴史、非人間的な殺し合いの歴史といってもいいからね。もう戦争はやめようよ、少なくともヨーロッパで戦争が起こることがないようなしくみをつくろうよ、こういう思いが、これまでのヨーロッパ統合への道を支えてきた根底にあるものと思うね。通貨統合はこの流れのなかでとらえたらいいんじゃないかな。美香がいいたかったことはこのことかな？

美香　ハイ。ばくぜんとしていたんですが、先生にいわれて、そうそう、そういうことがいいたかったんだと、いまはっきりしました。

ジュリア　《ユーロ》はヨーロッパ諸国の平和への誓約を内外に示したものなんですね。

教授　平和への誓約か、いい表現だね。とはいってもだよ、ドルへの依存から脱却したい、為替リスクはできれば避けたい、こういう経済的思いもあるってことを軽視してはいけないと思うな。通貨統合は、何といっても経済の世界に関わるものだからね。

良太　先生、《ユーロ》は九九年の一月に生まれた統一通貨ということなんですが、具体的にはどういうかたちで生まれたのですか？

教授　《ユーロ》という統一通貨が、九九年一月一日、通貨統合に参加した国、いまは一一ヵ国だが、その加盟国で法定通貨として発効したということなんだ。

美香　これまで使われていた自国通貨はどうなったんですか？

教授　実際に《ユーロ》の紙幣や硬貨が使われるようになるのは、二〇〇二年一月一日からなんだ。それまでの三年間は、それぞれ自国の通貨がいままで通り流通するんだよ。また、二〇〇二年になってもしばらくの間は混乱を避けるために《ユーロ》と自国通貨が併用されることになっている。

良太　それなら、ここしばらくは《ユーロ》は実際に使われないんですね。

教授　いや、そうではないね。現在でも銀行どうしの取引はすべて《ユーロ》が使われているし、また、企業どうしの取引もそれぞれの企業がタイミングをみて二〇〇二年までに《ユーロ》での決済に移行する手筈になっているんだよ。それに、個人でも、すでにユーロ建ての銀行口座を開設することができるし、銀行の振込用紙も《ユーロ》、自国通貨、いずれでも使えるようになっているね。

美香　クレジットカードやキャッシュカードはどうなんですか？

●**法定通貨**
法律をもって強制通用力を与えられた通貨のこと。

●**企業の反応**
ダイムラー・クライスラー・グループは《ユーロ》のスタートとともに、決済をすべてユーロ建てとした。オランダのフィリップスも《ユーロ》を第一通貨と決め、取引先に《ユーロ》への切り替えを要請している。ドイツのバイエル、オランダのユニレバー、イタリアのフィアットなど、ヨーロッパの大企業はつぎつぎ《ユーロ》への対応を済ませつつある。

教授　すでに《ユーロ》でも決済できるよ。

ジュリア　トラベラーズ・チェックもですか？

教授　同じだよ。

美香　ということは、《ユーロ》と自国通貨と両替するレートがもうすでにあるということですね。そのレートはどう決められているんですか？

教授　《ユーロ》が発効する前日、九八年一二月三一日のことだが、通貨統合に参加する国の通貨、一〇種類になるが、それと《ユーロ》との間の固定レートを決め、すぐ公表したんだ。これがそのレート表だよ

といって、パソコンのキーをたたくと、画面上に表が一つ現われた。

ベルギー・フラン	40.3399
ドイツ・マルク	1.95583
スペイン・ペセタ	166.386
フランス・フラン	6.55957
アイルランド・ポンド	0.787564
イタリア・リラ	1936.27
ルクセンブルク・フラン	40.3399
オランダ・ギルダー	2.20371
オーストリア・シリング	13.7603
ポルトガル・エスクード	200.482
フィンランド・マルカ	5.94573

ユーロ圏11ヵ国の対ユーロ交換レート

美香　けっこう細かく決められてるんですね。簡単には覚えられないわ。

教授　いや、慣れてくればそうではないかもしれないよ。それに自国通貨とのレートさえ覚えれば、あとはそれほど生活に支障がないからね。

良太　先生、さっき参加国の通貨を一〇種類といわれたんですが、一一じゃないんですか？

教授　あっ、それはね、ルクセンブルクではベルギーの通貨が使用されている、それで一〇種類といったんだよ。さっきのレート表をみてごらん、ルクセンブルクの通貨はベルギーの通貨と同じになっているはずだから……。

ジュリア　はじめは銀行どうしで、それから企業どうしで、三年後には個人も加わる、《ユーロ》の導入は着々と進められているんですね。

美香　着々と導入への準備が進められていることはわかったんですが、この過程で国民の側でいろいろ心配することがあったと思うんです。

教授　美香はどういう心配ごとがあったと思う?

美香　わたしだったら、いま使われている通貨が《ユーロ》と切り替わるとき、どさくさに紛れて、一部のお店で便乗値上げが行われるんじゃないか、心配です。だって、《ユーロ》になった値札の数字がこれまでの値段とどう対応するかはじめはぴんとこないから……。ジュリア、そう思わない?

ジュリア　そう思うわ。

教授　美香のいう心配、当然だよね。ある日突然に値段が《ユーロ》で表示されたら、これまでの消費体験が役に立たず、消費者は戸惑っちゃうからね。その隙に便乗値上げ、よくあることだよ。消費者側が心配の声をあげた一つがこれだったんだ。とくに、オーストリアでこの声が強かったようだね。

美香　で、どうしたんですか？

教授　オーストリア政府は、法律で二〇〇一年一〇月から九ヵ月間、いまの通貨と《ユーロ》の両方で値段を表示することを義務づけたんだよ。ウィーンに旅行すればすぐわかることだが、もうすでにほとんどのデパートやスーパーではオーストリア・シリングと《ユーロ》の両方で値段が表示されている。

ジュリア　いまから消費者にも《ユーロ》という新しい通貨に慣れてもらおうというわけですね。

教授　そういうことだね。

良太　《ユーロ》って、何種類の紙幣があるんですか？

教授　七種類、五、一〇、二〇、五〇、一〇〇、二〇〇、五〇〇ユーロの七種類の紙幣がある。硬貨としては、一ユーロ、二ユーロのユーロ硬貨、それから一、二、五、一〇、二〇、五〇のセント硬貨がある。

良太　一ユーロは何セントなんですか？

教授　一ユーロは一〇〇セントだよ。二〇〇二年一月一日からこのユーロ紙幣や硬貨が流通するようになるんだよね。いまのユーロ圏だけでも紙幣で一三〇億

《ユーロ》紙幣のデザイン　紙幣の表にはヨーロッパの各時代の建築様式がデザインされ、架空の建物の門や窓などが描かれている。それぞれヨーロッパ文化全体を象徴し、ヨーロッパの協調性を表現している。裏はヨーロッパの人びとと橋が描かれ、世界を結ぶという意味があるといわれている。

枚、硬貨で五六〇億枚用意しなければならない、遅れて参加するギリシャを入れると、もっと増えるよね。これだけたくさんの現金をどうやって必要とする銀行や小売店などに配ればよいか、それは簡単なものではないと思う。あちらではこれをどうすればよいか、Eデイ作戦と呼んで、いまその作戦を練っているそうだよ。

良太　へえー、そうなんですか。通貨を新しくするって、ものすごく大変なことなんですね。

美香　でも、新通貨への移行がうまくいけば、もう通貨両替のための手数料はいらなくなるわ。ヨーロッパの人たちだけでなく、わたしたちのような旅行者にとってもこれはとても便利なことよね。

ジュリア　ユーロ圏内のどの国でも同じ通貨が使われるようになると、かばん類はどの国で高いか、果物類はどの国に行けば安いか、すぐわかるようになるわ。これも消費者にとって便利で、いいことだと思うわ。

良太　でもそれって、売る側からいえば、国内だけでなく、こんどは国外の売り手とも競争しなければならなくなるってことだろう。競争がきびしくなることだよ。

教授　《ユーロ》が導入されると、美香がいうようにユーロ圏内ではもう通貨両替をする必要がなくなるよね。これは圏内で取引する会社や住民にとって利便性が高まるが、反面、圏内の銀行は手数料収入を激減させることになるね。

美香　でも、《ユーロ》が導入される前だったら、銀行はほかの国との決済のために他国のいろいろな外貨を準備しておかなければならなかったが、《ユーロ》が使われると、もうその準備はいらなくなります。これは、銀行にとってそれだけ為替リスクにさらされなくて済むということです。銀行にとってこれはメリットじゃないですか?

教授　いいことに気づいたね。たしかにその通りだ。為替リスクにさらされなくて済む、これは《ユーロ》導入がもたらす大きなメリットといえる。

良太　だけど、ユーロ圏外の国との取引もあるわけですから、為替リスクが完全になくなったわけじゃないと思うんですが……。

教授　もちろんだよ。でも、ユーロ圏外の国々にとっても《ユーロ》はとても便利なものになるんじゃないかな。《ユーロ》を持っていれば、それでユーロ圏の国々を相手に貿易ができるようになるからね。

ジュリア　なるほど、《ユーロ》が使われるようになると、ユーロ圏外でも《ユーロ》を保有する国が増えてくる、ひょっとすると、そういう国どうしの貿易にも《ユーロ》が使われてくるかもしれない……。

美香　便利だったら使われる地域がどんどん広がっていく、これはドル決済から《ユーロ》決済に移っていくってことですね。もしそうなれば、《ユーロ》は国際通貨としての地位を確立することになるんだわ。そういうことですね、先生。

教授　そういうことだよ。それに、これまでのように、国際間での決済をドルだけに限定されていると、ドル相場の変動リスクをもろに被ることになるよね。それが、国際決済に《ユーロ》が使われるようになると、為替相場の動きをみながら、都合のいいようにドルと《ユーロ》を使い分けることができることになる。

良太　なるほどね、国際通貨はドルと《ユーロ》というアメリカとヨーロッパの通貨に二極化されていくことになるのか。でも、まだこうなったわけじゃないんでしょ？

教授　もちろんだよ。まだはじまったばかりだからね。だけど、いまのところ参加を見合わせているデンマークでも、自国通貨クローネと《ユーロ》のレートを固定する方針を打ち出している、また、東ヨーロッパの国々でも自国通貨を《ユーロ》とリンクさせ、事実上ユーロ圏になりつつあるんだ。たとえばハンガリー、ポーランドなんかはすでにそうなっているよ。チェコ、スロバキア、ブルガリアなどなど東欧諸国のいろいろな国にこれは広がっていくと思うね。さらにトルコやイスラエルといった中東諸国、それからアフリカ中西部の国々、こういう地域はもともとヨーロッパと経済面でかなり近い位置にあるからね、やはりユーロ圏に取り込まれていくといえるね。こうした一連の動きをみると、いずれ、それがいつごろかはまだ確定できないが、良君のいう二極化がはっきりしたかたちで出てくると思うね。少なくともヨーロッパ地域ではまちがいなくそうなるね。

ジュリア　《ユーロ》が導入されると、ユーロ圏内での資金調達が活発になると思うんですが……。

教授　そうなると思うね。流通する通貨が同じになるんだから、圏内であればどこの銀行からでも資金を借りられることになる。また、どこで株式を発行してもよいことになる。ヨーロッパの会社は、一番条件のよいところで資金の調達をするようになるね。資産の運用にしても同じことだよ。国境にこだわらず、一番有利な条件の投資先を探すことになるね。

美香　銀行どうしの競争がはげしくなるということですか？

教授　そう。銀行だけじゃないよ。証券会社もそうだよ。競争力のない金融機関はつぶれていくんだ。生き残りをかけた合併・統合が国境を越えて加速するようになるね。証券取引所だって同じだね。国境を越えた取引所の統廃合や提携がどんどん進められていく。もうはじまっているんだ、こういう動きが……。

良太　ドイツの会社がイタリアに工場をつくろうとしたら、これまでだったら、イタリアの通貨リラで資金を集めなければならなかったのが、こんどは、ドイツで資金を調達してそれをイタリアでの工場建設のために使うことができるということですね。

教授　そういうことだね。それにもう一つ指摘しておきたいことがあるんだ。それはね、《ユーロ》が国際投機集団ヘッジファンドに及ぼす影響のことなんだよ。ヨーロッパはこれまでも何回かヘッジファンドの投機マネーで通貨危機にさらされてきたからね。もともとこの投機集団、為替相場に変動があってはじめて利を求めて押し寄せてくるんだよね。それに対し、《ユーロ》という統一通貨は、圏内での為替変動をなくすことにその役割があるね。これは、ヘッジファンドにとってヨーロッパ地域でおいしい収益源を失うことを意味しないかね。

美香　そうなんだ。でも先生、もしそうなら、ヘッジファンドはどこへ収益源を求めていくんでしょうか、やはりアジアですか？

教授　アジアもその一つであることはいえるね。

ジュリア　先生、これまで、ユーロ圏の国々にも中央銀行があったと思うんですが、こんど《ユーロ》に通貨が統一されると、この中央銀行はどうなるんですか？

教授　こんどはね、欧州中央銀行（ECB）という、ユーロ圏の中央銀行がつくられたんだ。その本部はドイツのフランクフルトにある。ECBの役割は圏内のインフレを抑えて、《ユーロ》の価値を安定化させることなんだ。だから、これまで各国にあった中央銀行は実質なくなっていく方向にあるといえるね。

美香　それじゃ、金融政策はこのECBが行うことになるんですか？

教授　基本的にはそうなるね。だけど、各国の中央銀行総裁はECBの常任理事になるので、それぞれの国の考えはそれなりに反映されるしくみにはなっているんだよ。とはいってもだね、自国通貨の量を自国で調整する権利のことを通貨主権というんだが、通貨統合に参加することで、この通貨主権を事実上放棄することになることは否めないと思うね。

ジュリア　国家が握る通貨主権を放棄してまで通貨統合に走る、これはすごい、思い切った決断だと思います。ヨーロッパ史に残る決断ですね。

美香　それほど、ドル依存から脱却したい、ヨーロッパをアメリカに匹敵する経済圏にしたいといった思いが強いということなんだわ。

良太　ヨーロッパの平和への思いも……。

教授　そうだね。いずれにせよ、ヨーロッパの《ユーロ》はもう走り出したんだよ。だれも止められない。これから《ユーロ》がどうなっていくのか、目が離せない通貨といえるんじゃないかな。

エピローグ　また逢う日まで

終わってみればあっという間の三日間であった。教授が
「これでマネー経済探検のはなし、終了ということにしようと思う」
と告げた瞬間、美香は、なぜかとても「爽快《そうかい》な」気分になった。それは上高地の緑陰を通り抜けるあの心地よい風の感触と同じものであった。美香がこう感じたのは、教授が講座の終わりを告げる頃には、金融のイロハからマネーの今日的問題までが見通せたような爽快な気分になっていたからである。
いま振り返ってみると、教授は、マネーは信用が付いてこそマネーなんだという、経済の門外漢なら思いもしない、けどもっとも基本的なことからマネー経済の世界を案内してくれた。そして最終日のついさっき、ヨーロッパの平和や経済の安定を願って、ヨーロッパの人たちが手をつないで新しいマネー《ユーロ》をつくって来世紀を迎えようとする動きを知った。人間が信頼し合ってこそマネーは信用される、このマネー経済の基本が生きている証《あかし》を《ユーロ》という新マネ

ーでも確認できた。

教授はディーリング・ルームのなかへも案内してくれた。そこで展開されるディーラーたちのドルや円のやりとりを再現してもらって、毎日のテレビ・ニュースなどで報じられる為替レートの数字のなかにディーラーたちのいろいろな思惑が込められていることを知った。これからもニュースのなかでこの数字に数え切れぬほどたくさん出くわすことになると思うが、いままでとはちがって、これからは、この一見無味乾燥にみえるこの数字に、上高地での思い出が重なって、きっと「なつかしく」感じるにちがいないと思った。

教授は株式の世界にも案内してくれた。そこで株式会社が経済のかなめになる存在であることを知った。経済を知らなければ株価の動きは探知できない、また株価の動きのなかに経済のいろいろな要因が複合して反映されていることも知った。なぜ投資信託がいまブームになっているかわかるような気がした。そしてアメリカの401K年金のようなものが日本でも実施されそうだということも知り、だれでもがマネー運用についての知識を持たねばならぬ時代がもうすぐそこまで来ていることを自覚した。

教授はデリバティブという最新のマネーの世界にも案内してくれた。あの複雑で、妖怪とも称されるデリバティブを解剖し、その内容を一つ一つていねいに、門外漢にもわかるような例と対比させて説明してくれた。そのせいか、なにもかもがはじめてのデリバティブの世界ではあったが、どこでもおもしろく探検できた。この金融技術を巧みに駆使し、アジア通貨危機の大きな要因にもなったヘッジファンドの存在も知った。こうした負の副作用をもたらしかねないデリバティブではあるが、それでもこの世界は「魅力ある」感じいっぱいの世界であると思った。この世界が想像以上に理知的で、クリエイティブな世界であることに気づいたからである。

ジュリアはあと二ヵ月ほどで日本での留学をひとまず終え、アメリカの大学に戻ることになっている。この上高地・緑陰講座の旅のあいだ、ジュリアとはいろいろなことを語り合った。山岳研究所でも、山小屋でも、そして温泉旅館でも、講座で勉強したことはもちろんだが、その他にも、これからやりたいこと、将来の仕事のことなど、夜がふけるのを忘れるほどであった。ジュリアとはいろいろなところを旅したが、こんなことははじめてであった。おそらく上高地という深い山に抱かれた環境がそうさせたのかもしれない。ジュリアもこの上高地の旅は日本でのいい思い出になったといっていたが、美香にとってもジュリアとの思い出がまた一つ重なりうれしく思った。

良太には今回の旅も無理をいってついてきてもらった。今回の旅がいつどんなときでも明るく過ごせたのは良太のおかげである。教授のお相手を一番してくれたのも良太であった。まわりの者の負担をさりげなく軽減するかれの持ち味には、今回の旅ほど確認させられたことはない。良太も都会の雑踏のなかでの予備校通いからほんのひとときでも解放され、きっと楽しいひとときを過ごしたにちがいない。

叔父である教授にはほんとうにお世話になった。金融や経済のはなしはもちろんだが、トレッキングの途中でいろいろな山のはなしもしてくれた。そして何よりも滞在費スポンサー付きでこんな素敵な旅ができたことは、美香にとって感謝の思いこれにまさるものはなかった。教授は今日これから上高地を下りて大学の研究室に戻るそうである。いつまでもお元気で…… そう願う美香であった。

わたしたち三人は、もう一晩山岳研究所にお世話になり、明朝上高地を下り、それぞれ大学や予備校にもどる予定である。緑陰での経済のはなし、奥上高地へのトレッキング、そして温泉などなど、どれをとっても忘れることのない楽しかった思いを胸にこれからもそれぞれの道を歩みつづけていきたい。そう思いなが

ら穂高のほうを見上げると、穂高は上高地にやってきた日と変わりなく悠然とそそり立っていた。美香は、心のなかでそっと

「アデュー、穂高。また逢う日まで……」

とつぶやくのであった。

参考資料

★相田洋・茂田喜郎『マネー革命』1〜3　日本放送出版協会
★朝日新聞経済部編『主婦とサラリーマンのための経済学』朝日新聞社
★安達智彦『株価の読み方』（ちくま新書）筑摩書房
★池上彰『日々の経済ニュースがすぐわかる本』講談社
★伊藤元重『ゼミナール国際経済入門』日本経済新聞社
★エドワード・チャンセラー（山岡洋一訳）『バブルの歴史』日経ＢＰ社
★ＮＨＫ取材班『日本の条件　2マネー』ＮＨＫ出版
★小口幸伸『外国為替のしくみ』日本実業出版社
★刈屋武昭『金融工学とは何か』（岩波新書）岩波書店
★川端裕人『リスクテイカー』文藝春秋
★河邑厚徳『エンデの遺言』ＮＨＫ出版
★河村幹夫『物語で読む先物取引』日本経済新聞社
★倉澤資成『株式市場』（講談社現代新書）講談社
★倉都康行『金融工学講座』ＰＨＰ研究所
★幸田真音『小説ヘッジファンド』（講談社文庫）講談社
★小西徹・田渕実穂『金融情報ウォーズ』徳間書店
★小林章夫『ロンドン・シティ物語』東洋経済新報社
★小林芳樹ほか『まんがで学ぶ超簡単デリバティブ』ＢＳＩエデュケーション

★斎藤精一郎『ゼミナール現代金融入門』日本経済新聞社
★佐藤雅彦・竹中平蔵『経済ってそういうことだったのか会議』日本経済新聞社
★島実蔵『大坂堂島米会所物語』時事通信社
★須田美矢子『ゼミナール国際金融入門』日本経済新聞社
★スティグリッツ（藪下史郎ほか訳）『ミクロ経済学』東洋経済新報社
★タッド・クロフォード（鈴木主税訳）『お金とひとの物語』時事通信社
★竹森俊平『世界経済の謎』東洋経済新報社
★徳本栄一郎『スクウィーズ』講談社
★長坂寿久『ユーロ・ビッグバンと日本のゆくえ』（集英社新書）集英社
★長坂寿久『オランダ　モデル』日本経済新聞社
★ニック・リーソン（戸田裕之訳）『マネートレーダー銀行崩壊』（新潮文庫）新潮社
★日経ウーマン『働く女性に日経新聞の読み方』日経ホーム出版社
★日本経済新聞社『さあ！株にチャレンジ』（日経ムック）日本経済新聞社
★野口悠紀雄・藤井真理子『金融工学』ダイヤモンド社
★ベンジャミン・コーヘン（本山美彦ほか訳）『通貨の地理学』シュプリンガー・フェアラーク社
★細野真宏『経済のニュースが面白いほどわかる本』中経出版
★細野真宏ほか『株・投資信託・外貨預金がわかる基礎の基礎講座』講談社
★ポール・ミルグロムほか（奥野正寛ほか訳）『組織の経済学』ＮＴＴ出版
★マイク・ダッシュ（明石三世訳）『チューリップ・バブル』（文春文庫）文藝春秋
★牧野昇『わかる！国際金融』ダイヤモンド社

参考資料

★マンダー・ジェリーほか（小南祐一郎ほか訳）『グローバル経済が世界を破壊する』朝日新聞社
★三橋規宏ほか『ゼミナール日本経済入門』（二〇〇〇年版）日本経済新聞社
★安田圭司『グローバルマネー』徳間書店
★吉本佳生『金融工学の悪魔』日本評論社
★吉本佳生・渡辺智恵『THE ECONOMIST の記事で学ぶ「国際経済」と「英語」』日本評論社
★『日本経済新聞』
★『NIKKEI NET』
★『上田ハーロー・ホームページ』
★『日本銀行・ホームページ』

索　引

上高地・緑陰のマネー経済講座
これならわかる、外国為替・株式・デリバティブのしくみ

二〇〇一年一月二五日　第一版第一刷発行

著者　吉原龍介
装画　本文・絵 上條安紀
発行所　株式会社 学文社
郵便番号　一五三－〇〇六四
東京都目黒区下目黒三－六－一
電話　03（三七一五）一五〇一（代）
http://www.gakubunsha.com
発行者　田中千津子

◉検印省略

乱丁・落丁の場合は本社でお取替します。
定価はカバー・売上カードに表示。

印刷所・㈱シナノ

ISBN 4-7620-1004-9